HORST STAHL

Bonsai

GESTALTEN – PFLANZEN – PFLEGEN

MIT KOSMOS MEHR ENTDECKEN
Schneiden,
—drahten
& umtopfen
SEIT 1822

KOSMOS

Inhalt

In 3 Schritten zum Bonsaikenner

1. SCHRITT
alles im Überblick

Am Anfang des Kapitels finden Sie das Wichtigste auf einen Blick. Seitenverweise führen Sie gezielt zu den ausführlichen Informationen.

2. SCHRITT
alles Wissenswerte

Abgeschlossene Doppelseiten bieten weiterführende Informationen zu den Themen. Entweder lesen Sie von hier aus weiter oder Sie gehen zurück zur Übersichtsseite, um das nächste Themaauszuwählen.

3. SCHRITT
alle Extras

Das könnte Sie auch noch interessieren, denn hier finden Sie Themen, die über das Wesentliche hinausgehen. Diese Seiten sind kein Muss, machen aber neugierig und Lust auf mehr.

Gestaltung

Die Grundstilarten

S.10

S.12

Gelehnte Form

Neigt sich der Stamm zu einer der beiden Seiten, haben wir die gelehnte Form. Für die gelehnte Form eignen sich fast alle Baumarten. Typisch ist auch die Verteilung der Äste. Auf der neigungsabgewandten Seite sind die Äste stärker, aber auch dem Stamm anliegender, während sie auf der Neigungsseite kürzer und vom Stamm abstehend sind.

S.13

Reich verzweigt

Die **Besenform** wird nur aus Laubbäumen gestaltet. Hier entwickeln sich viele Äste in einem Bereich über einem kurzen Stamm. Jeder Ast ist reich verzweigt.

Frei & aufrecht

Die häufigste Grundstilart ist die frei aufrechte Form. Ein harmonisch gewundener Stamm trägt ein feinstrukturiertes Verzweigungsmuster. Die Krone neigt sich freundlich leicht dem Betrachter zu.

S.14

S.16

EXTRA

SIE KÖNNEN IHREN BONSAI AUCH ALS KASKADE, IN DER WINDGEPEITSCHTEN- ODER LITERATEN- FORM GESTALTEN.

Blüten-Highlights

Bonsai aus blühenden Baumarten sind in vielen Fällen die Highlights einer Bonsai-Sammlung. Vor allem Azaleen- oder Apfel-Bonsai bieten in den verschiedenen Jahreszeiten immer wieder einen neuen Anblick. Azaleen können **in fast allen Grundstilarten** gestaltet werden. Gestaltet man eine Azalee in Kaskadenform, kann sie einen blühenden Wasserfall darstellen. In Japan gibt es Clubs von Bonsai-Freunden, die sich ausschließlich der Gestaltung von Azaleen-Bonsai in allen möglichen Formen verschrieben haben und regelmäßig eigene Ausstellungen organisieren.

Bonsai-Wälder

Mit der Gestaltung von Wäldern können Sie auch als Bonsai-Neuling erste Gestaltungserfolge erzielen. Sowohl mit der Waldform als auch mit den verschiedenen Mehrfachstammformen werden ganze Landschaften nachempfunden. So kann der dunkle Bergwald genauso nachgeahmt werden, wie auch ein lichter Laubwald der Ebene gestaltet werden kann. Grundsätzlich werden aber niemals Bäume unterschiedlicher Baumarten miteinander kombiniert.

7

Was ist ein Bonsai?

Grundsätzlich kann man aus jeder verholzenden Pflanze einen Bonsai gestalten. Entsprechend sind Bonsai auch keine speziellen Züchtungen. Lediglich die gärtnerischen Maßnahmen, beispielsweise das Drahten, lassen aus einem potenziell groß wachsenden Baum eine Mini-Form werden. Hierbei werden die in die Höhe strebenden Äste und Zweige des noch recht jungen Baumes in eine Form gebracht, die einem alten, sturmerprobten Baum entsprechen. Sind die Formkorrekturen in ihrer neuen Stellung durch Holzwachstum stabilisiert, wird der Draht wieder entfernt. Der Draht ist also kein Bonsai-Merkmal, sondern nur ein Gestaltungsmittel (siehe S. 36).

Der Baum und seine Schale

Es ist aber nicht nur die Kleinheit des Baumes, die einen Bonsai ausmacht. Untrennbar gehört die angemessene Schale zu dem Baum. Gut lässt sich das Gesamtkunstwerk Bon-sai – Baum und Schale – mit einem Gemälde vergleichen. Nur der richtig gewählte Rahmen lässt das gemalte Bild zu einem Gemälde werden. So auch bei Bonsai. Passen Form, Größe oder Glasurfarbe der Schale nicht zu der Baumart oder Wuchsform des Baumes, ist die Gesamtaussage des Kunstwerks Bonsai gestört.

Wie in der Natur Die Kerb-Buche mit der beginnenden Herbstfärbung durchlebt alle Jahreszeiten.

Bitte beachten!

— **Gärtnerisches Können:** Damit der gestaltete Baum gesund bleibt und sich zum Bonsai weiterentwickeln kann, benötigt er eine richtige Versorgung. Die gestalterischen Maßnahmen sollten unter Berücksichtigung der biologischen Vorgänge innerhalb der Pflanze durchgeführt werden, um dem Baum nicht zu schaden.

— **Sicheres Beherrschen der Gestaltungstechniken:** Mit den Gestaltungstechniken realisiert der Künstler seine gestalterische Intention. Schneiden, Drahten, Umtopfen, Anwendung der Entrindungstechniken und Wundversorgung sollten beherrscht und zum richtigen Zeitpunkt angewendet werden, um das gesteckte gestalterische Ziel erreichen zu können.

— **Künstlerisches Empfinden:** Schon zu Beginn der ersten Gestaltungsschritte sollte das endgültige Gestaltungsziel vor dem inneren Auge erscheinen, was auch die Auswahl der Schale miteinschließt. Der Künstler tritt in Kommunikation mit dem Baum und gemeinsam finden sie die richtige Gestaltung.

UNSICHTBARE EINGRIFFE

Während man in einem Garten im französischen Stil auf Schritt und Tritt dem Eingriff des Menschen begegnet, ist der japanische Garten-Künstler erst zufrieden, wenn man seine Lenkung der Natur nur noch erahnen kann. Im japanischen Garten ist jedes Gehölz gestaltet, aber dennoch wird es zu einem überzeugenden Teil der Natur und nicht bloß eine Darstellung von Natur. Je weniger man die Eingriffe des Menschen sieht, je überzeugender der miniaturisierte Baum seinen großen Vetter in der Natur darstellen kann, umso besser ist dieGestaltung.

Ein Wald aus Bonsai Der kleine Wald wird von dem Hauptbaum geprägt.

Als Bonsai-Anfänger hat man zunächst genug damit zu tun, den Baum angemessen zu versorgen, um ihn am Leben zu halten. Bei der Gestaltung wird die Formerhaltung im Vordergrund stehen und erst später die Formverbesserung hinzutreten. Aber schon in dieser Stufe kann die Schulung des künstlerischen Empfindens durch aufmerksames Betrachten von guten Bonsai-Kunstwerken stattfinden.

Nach und nach wird man zum fortgeschrittenen Bonsai-Liebhaber, der seine gekauften Bonsai kritisch betrachtet und auch Verbesserungsmöglichkeiten bei seinen Bäumen erkennt und versucht zu realisieren. Irgendwann kommt dann bei fast jedem Bonsai-Freund auch der Wunsch auf, eigene Bonsai-Kunstwerke aus Rohpflanzen zu schaffen.

In welchem Entwicklungsstadium man sich auch immer befindet, ein Bonsai ist ein Kunstwerk, das nie „fertig" ist. Der Baum lebt und entwickelt sich weiter, genauso wie der Bonsai-Gestalter.

Imposante Bonsai in aufrechter Form

Die aufrechten Grundstilarten sind die Ausgangsformen in der Bonsai-Gestaltung, von denen sich alle anderen Formen mehr oder weniger ableiten. Sowohl die frei aufrechte als auch die streng aufrechte Form bestechen durch ihre klare Stammlinienführung und Astanordnung.

Die frei aufrechte Form

Diese Grundstilart wird in der Bonsai-Kunst am häufigsten verwendet, da sie der Baumgestalt der meisten in der Natur vorkommenden Baumarten, vor allem Laubbäumen, am ehesten entspricht. Der Stamm weist vom Stammfuß bis zur Spitze eine Reihe von weichen Biegungen nach hinten, nach vorne, nach links und nach rechts auf. Diese Biegungen sind im unteren Stammbereich ausladender und werden im Kronenbereich immer weniger schwungvoll. Die Krone des Baumes liegt im Lot über dem optischen Schwerpunkt des Baumes und neigt sich leicht zum Betrachter hin. Auf keinen Fall darf die Kronenspitze nach hinten weisen, da er dann den Betrachter optisch abweist.

Die dickeren Äste entspringen an den Außenseiten der Stammbiegungen und nehmen so die Bewegungen des Stammes auf. Sie sind die organische Weiterführung der Stammbewegungen und wachsen in horizontaler Richtung. Der unterste Ast ist der dickste und gleichzeitig der ausladendste Ast. Er weist, an der Außenseite der untersten Stammbiegung entspringend, zu einer der beiden Seiten hin. Der zweite Ast entspringt der nächsten Stammbiegung und weist

Frei aufrecht Diese Mädchen-Kiefer in frei aufrechter Form ist weit über 100 Jahre alt. Sie stellt diese Grundstilart vom Wurzelansatz bis zur Krone in Vollendung dar.

leicht nach hinten und zur anderen Seite hin. Der dritte, auch Rückseitenast, zeigt nach hinten und gibt der Gestaltung Tiefe. Im weiteren Stammverlauf folgen die nächsten Äste diesem Muster, wobei die Abstände zwischen den Ästen immer geringer werden. Gleichzeitig werden die Äste immer dünner, kürzer und geringer verzweigt.

Schaut man von oben auf die Astanordnung, liegen keine Äste direkt übereinander. So können alle Äste ihr Laub dem Licht zur Fotosynthese präsentieren. Bei einem beschatteten Ast würde das Laub absterben, was zum Verlust des ganzen Astes führen würde.

Die Silhouette des Baumes bildet eine Pyramide mit einem ungleichschenkligen, nach vorn geneigten Dreieck als Grundfläche. Als Eckpunkte der Pyramidengrundfläche dienen die Spitzen der untersten drei Äste. Die Spitze der Pyramide wird von der Kronenspitze gebildet.

Als Schalen kommen flache, ovale oder rechteckige infrage. Der Baum wird etwa ein Drittel von einer Schalenseite entfernt und kurz hinter der Schalenmittellinie gepflanzt.

Eine Quitte in streng aufrechter Form Um den Baum nicht zu schwächen, belässt man nur wenige Früchte an den Ästen. Gut ist hier der sich aus dem unteren Stammteil entwickelnde Wurzelansatz zu erkennen.

Die streng aufrechte Form

Bei dieser Grundstilart haben wir vom Wurzelansatz bis hinauf zur Kronenspitze einen durchgehend geraden Stamm, wobei in der Krone kleinere Stammbiegungen erlaubt sind. Der Stamm verjüngt sich gleichmäßig von der Wurzelbasis bis zur Baumspitze. Das untere Drittel des Stammes trägt keine Äste. Der unterste Ast, der Hauptast, zeigt zu einer der beiden Stammseiten. Der erste Nebenast steht ihm gegenüber, setzt leicht höher an und weist leicht nach hinten. Der dritte Ast, wieder etwas höher, weist nach hinten. Im Gegensatz zum Stamm haben die Äste sparsame,

aber markante Biegungen. Zum Kronenbereich hin werden die Äste immer kürzer, dünner und weniger verzweigt.

Bei der streng aufrechten Form ist die Ausformung eines guten Übergangs vom Wurzelbereich zur Stammbasis wichtig. Die dickeren Oberflächenwurzeln streben von allen Seiten sternförmig auf die Stammbasis zu. Ohne diese Oberflächenwurzeln wirkt der Bonsai schnell wie ein in die Erde gesteckter Stock mit einigen Ästen daran.

Für die Schalenwahl gelten dieselben Regeln wie für die frei aufrechte Form. Es werden also flache, rechteckige oder ovale Schalen bevorzugt.

Gelehnte Form und Besenform

Die frei aufrechte und die streng aufrechte Form sind die Ausgangsformen in der Gestaltung, von denen sich alle anderen Formen ableiten. Beide Stilarten bestechen durch ihre klare Stammlinienführung und Astanordnung.

Gelehnte Form Da der Stamm bei dieser gelehnten Form im oberen Drittel fast senkrecht nach oben verläuft, kann die Krone etwas massiger gestaltet werden, ohne dabei eine optische und tatsächliche Instabilität entstehen zu lassen.

Die gelehnte Form

Namengebend für diese Grundstilart ist die Neigung des Stammes zwischen 11° und 45° gegenüber der Erdoberfläche. Je nach Stammverlauf leitet sich die gelehnte Form von der streng aufrechten oder der frei aufrechten Form ab. Sie kann also sowohl einen geraden als auch einen gewundenen Stamm besitzen.

Wichtig ist bei der gelehnten Form die richtige Proportionierung der Äste. Die Äste auf der erdzugewandten Seite sind kurz und stehen fast parallel zur Erdoberfläche. Auf der erdabgewandten Seite sind die Äste ausladender, stärker verzweigt und eventuell in Richtung des Stammverlaufes geneigt. Der erste Hauptast setzt auf der erdabgewandten Seite relativ weit oben an und neigt sich weit nach unten, endet aber oberhalb des untersten Drittels des Stammes. Der unterste Ast der erdzugewandten Seite hat nur eine geringe Neigung nach unten und verläuft fast parallel zur Erdoberfläche.

Insgesamt sollte der Stamm gut sichtbar sein und sich von der Basis zur Spitze hin gleichmäßig verjüngen.

In der Baumkrone sind die Äste auf der Neigungsseite weniger ausladend als auf der Gegenneigungsseite, um dem Baum Stabilität zu geben. Als Schalen kommen je nach Kronenform recht-

Wie ein Besen Hier ist der gut herausgearbeitete Stammfuß besonders wichtig für die Aussagekraft der Gestaltung.

eckige und ovale Schalen infrage. Bei Bäumen mit leichter Krone können auch kreisrunde oder quadratische Schalen verwendet werden.

Die Besenform

Der Name dieser Grundstilart leitete sich von der Form der Baumkrone ab. In einer bestimmten Höhe des absolut geraden Stammes streben viele Äste in verschiedene Richtungen auseinander und bilden so die Krone des Baumes. Die Baumgestalt erinnert an einen umgekehrten Reisigbesen.

Bei dieser Grundstilart ist der Stammfuß von besonderer Bedeutung. Soll der Baum nicht wie ein in den Boden gesteckter Reisigbesen aussehen, müssen die Wurzeln am Stammfuß gleichmäßig und sternförmig angeordnet sein.

Durch die vielen Äste und die reiche Verzweigung nimmt die Krone fast die Form einer Halb-

kugel an. Das Verhältnis zwischen Stammlänge und Kronenhöhe ist etwa ein Drittel zu zwei Drittel. Der Kronendurchmesser sollte etwa dem Zehnfachen des Stammdurchmessers entsprechen. Die Form der Krone wird durch regelmäßiges Beschneiden über das Kronendach hinauswachsender Triebe erhalten. Nach dem Laubfall wird die Krone mit Hilfe von Bast vorsichtig zusammengebunden. Hierdurch erreicht man, dass die Kronenäste enger beieinander stehen und sich dadurch ein harmonischeres Gesamtbild ergibt. Kurz vor dem Austrieb im Frühjahr wird der Bast wieder entfernt. Ein leichtes Auffächern der Krone wird zu beobachten sein.

Bei der Schalenauswahl orientieren wir uns an der frei und der streng aufrechten Form. Je nach Gesamtaussage wählen wir eine breite Schale für einen allein stehenden Baum in der Ebene oder eine weniger ausladende Schale für einen mächtigen Baumsolitär.

Kaskade Über dem kurzen, dicken Stamm erhebt sich eine sehr flache Krone, die sich in die Bewegungsrichtung der Kaskade entwickelt. Die eigentliche Kaskade nimmt diese Bewegung auf und setzt sie, Treppenstufen gleich, in die Tiefe fort.

Sonderformen: Kaskade & Co.

Neben den genannten Grundstilarten gibt es weitere, ausgefallenere Formen, die etwas schwieriger zu gestalten sind.

Die Kaskade

Die Kaskade stellt Szenerien dar, wie man sie an einer Steilküste oder im Hochgebirge vorfindet. Hier wurde durch Steinschlag oder eine Lawine der Stamm umgedrückt, ohne dabei entwurzelt zu werden. Entsprechend geht die Hauptbewegungsrichtung bei der Kaskade über den Schalenrand zum Schalenboden hin. Die Anordnung des Stammes und der Äste gleicht einem grünen Wasserfall. Die Äste und Zweige mit den S-förmigen Schwüngen sind so angeordnet, dass die Laubpolster von der Schale wegweisen. Auf der starken ersten Stammbiegung erhebt sich häufig eine niedrige, meist schirmförmige Krone, die wie in der frei aufrechten Form gestaltet wird. Wichtig ist, dass die Unterseiten der Äste von allen nach unten wachsenden Trieben be-

freit werden. Ansonsten wäre die klare Linienführung stark beeinträchtigt und die Form sehr
verwaschen.

Der Wurzelhals ist auf der der Kaskade gegenüberliegenden Seite stärker ausgeprägt als auf
der Kaskadenseite des Stammes. Die Wurzeln
gegenüber der Kaskade stehen unter Zugspannung, während die Wurzeln auf der Innenseite
der starken Stammbiegung unter Druckspannung stehen. Zuggespannte Wurzeln sind langgestreckt, während Wurzeln unter Druckspannung nach kurzer Wegstrecke wie Krallen ins
Erdreich übergehen.

Da die Wachstumsrichtung eines Baumes senkrecht zum Licht ist, werden die neuen Triebe
verstärkt in diese Richtung wachsen. Aus diesem
Grund verwendet man für diese Grundstilart
nur langsam wachsende Baumarten wie Kiefern,
Wacholder oder auch Zwergmispeln. Ungeeignet sind hingegen die meisten Laubbaumarten
wie Buchen, Eichen oder Birken.

Eine typische Kaskadenschale ist rund, quadratisch oder mehreckig und immer recht tief. Sie
soll dem überhängenden Baum sowohl als optisches wie auch als tatsächliches Gegengewicht
dienen. Der Schalendurchmesser entspricht etwa
dem Fünffachen des Stammes. Die Kaskade wird
genau in die Mitte der Schale gepflanzt und neigt
sich dabei über eine der Schalenseiten hinaus.

Die Literatenform

Der Stamm ist bei der Literatenform weitgehend
unbeastet und trägt nur eine kleine Krone.

Die windgepeitschte Form

Stamm und Äste weisen bei dieser Form in die
dem Wind abgewandte Richtung.

Der Chinesische Wacholder vereinigt in sich Stilelemente der Literatenform und der gelehnten Form. Die
entrindeten Stammbereiche verstärken den Eindruck des
erfahrenen Asketen, den diese Grundstilart symbolisiert.

Windgepeitscht Die Sageretie vereinigt in sich mehrere
Stilelemente der windgepeitschten Form. Man könnte
sagen, der Baum ist im Windschatten eines Felsens gewachsen, wodurch die Krone relativ flach gehalten wurde.

Die Waldform — Kleine Landschaften

Wie in der freien Natur kann man mit Bonsai ganz unterschiedliche Szenerien gestalten. Neben dem düsteren, dichten Bergwald kann man auch den lichten Laubwald der Ebene gestalten. Häufig kann man schon nach recht kurzer Zeit ein sehenswertes Ergebnis erreichen.

Wichtige Grundsätze

Für die Gestaltung jedes Bonsai in Waldform gelten die folgenden Regeln:

— Es sollten nur Bäume ein und derselben Art verwendet werden. Bei Mischpflanzungen treten wegen der unterschiedlichen Bedürfnisse der verschiedenen Baumarten häufig Pflegeprobleme auf.

— Um Symmetrie zu vermeiden, wählt man eine ungerade Zahl von Bäumen aus. Die Anzahl ist lediglich durch die Größe der Schale begrenzt.

— Die Schale oder das Pflanztablett sollte großflächig und sehr flach sein.

— Bei der Auswahl der Bäume achtet man darauf, dass die einzelnen Bäume unterschiedliche Stammdicke und -höhe haben.

Im nebenstehenden Beispiel bilden 17 Bäume einen lockeren Buchenwald. Der Hauptbaum (dickster, höchster und verzweigtester) ist etwas mehr als ein Drittel vom rechten Schalenrand entfernt. Ein Drittel vom linken Schalenrand entfernt sieht man den ersten Nebenbaum (zweitdickster). Der drittdickste Baum steht rechts neben dem Hauptbaum etwas mehr im Vordergrund. Von oben betrachtet bilden die gedachten Verbindungslinien der drei Bäume die Form eines ungleichschenkligen Dreiecks.

Wald aus Kerb-Buchen Gut sind die beiden Baumgruppen um den Hauptbaum und den ersten Nebenbaum zu erkennen. Zur besseren Tiefenwirkung sind kleine Bäume in den Hintergrund gepflanzt.

Um den Hauptbaum und den ersten Nebenbaum sind die übrigen Bäume so arrangiert, dass zwei Baumgruppen entstehen. Um beiden Gruppen Tiefenwirkung zu geben, sind einige der dünnsten und niedrigsten Bäume in den Hintergrund gepflanzt. Beim Setzen aller Bäume ist darauf zu achten, dass nie drei oder mehr Bäume in einer Linie stehen. Auch sollten sich, von vorne betrachtet, die Stämme zweier Bäume nicht gegenseitig verdecken.

Mehrfachstämme: ein Wald aus einem Baum

Hierbei handelt es sich um alle Grundstilarten, bei denen aus einem Wurzelballen mehr als ein Stamm wächst. Bei allen Vielfachstämmen gelten dieselben Gestaltungskriterien wie bei der Waldform: Eine ungerade Anzahl von Stämmen unterschiedlicher Dicke und Größe wird so arrangiert, dass sie eine Baumgruppe bilden. Große und dicke Stämme stehen im Vordergrund, kleinere, dünnere Stämme im Hintergrund und geben so der Gestaltung optische Tiefe.

Eine Ausnahme bildet der Doppelstamm. Hier entspringen zwei Stämme unterschiedlicher Dicke einem Wurzelbereich. Beide Stämme haben einen Winkel von etwa 45° zueinander. Auch hier gilt wieder: Der dickere ist auch der höhere Stamm. Die Gestaltungen beider Stämme sind aufeinander abgestimmt, aber dennoch als eigene Stämme erkennbar.

Der Mehrfachstamm wird in der freien Natur gebildet, wenn aus dem noch lebenden Baumstumpf eines gefällten Baumes viele neue Stämme heranwachsen. Erhebt sich der gemeinsame Wurzelansatz schildartig über den Boden, sprechen wir von einem Bonsai im Stil des

Kleiner Wald Obwohl die einzelnen Stämme über einen gemeinsamen Wurzelhals miteinander verbunden sind, bildet die Gruppe aus Dreispitz-Ahornen einen kleinen Wald. Auch hier sind die Kriterien für die Waldgestaltung meisterhaft erfüllt.

Schildkrötenpanzers. Bei der kriechenden Form (gewundener Stamm) und der Floßform (gerader Stamm) sind Äste, die nah dem Erdboden dem Stamm entspringen, auf den Boden gedrückt und auf ihrer Unterseite bewurzelt. Der Hauptstamm ist als solcher erhalten geblieben und bildet nun eine Art verbindender Wurzel. Die ehemalige Baumspitze ist häufig noch zum kleinen Stamm umgestaltet, ihm gesellen sich die ehemalige Zweige als Nebenstämme hinzu.

Praxis

Gesund in Form halten

Einkaufskriterien

Für die Qualität eines Bonsai gibt es drei Kriterien, die zu beachten sind: **kraftvoller Wurzelansatz, gleichmäßiger Stamm und natürliche Verästelung.** Der Weg zu einem Fachhändler ist der erste Schritt zum Kauf eines qualitativ hochwertigen Bonsai.

Der richtige Platz

Der Standort für einen Bonsai muss mit Umsicht gewählt werden. Besonders wichtig ist es, Freiland-Bonsai unbeschadet durch den Winter zu bringen. Wenige, aber effektive Maßnahmen bringen hier ein hohes Maß an Sicherheit. Manchmal kann schon ein ungeheizter, kühler Flur der richtige Überwinterungsort sein.

H₂O
DIE RICHTIGE VERSORGUNG MIT WASSER UND NÄHRSALZEN IST DIE GRUNDLAGE FÜR GESUNDE BONSAI.

S. 28

S. 32

Die Form erhalten

Ein Bonsai ist ein lebendes Kunstwerk, welches, bei guter Pflege, ständig wächst. Bei einem ausgereiften Bonsai muss deshalb die Form immer wieder neu überarbeitet werden. Die sachkundigen Anleitungen finden Sie auf den Seiten 32 bis 35 und bei unseren Gestaltungsbeispielen.

Scheren, Zangen & Co.

Werkzeuge zur Bonsai-Gestaltung gibt es in fast unüberschaubarer Zahl. **Was Sie wirklich brauchen und wie man die Werkzeuge anwendet,** finden Sie auf den Seiten 28 bis 31. Bonsai-Scheren und -Zangen sind über einen langen Zeitraum in Japan und China entwickelt und verbessert worden und haben sich daher bei der Bonsai-Gestaltung bewährt.

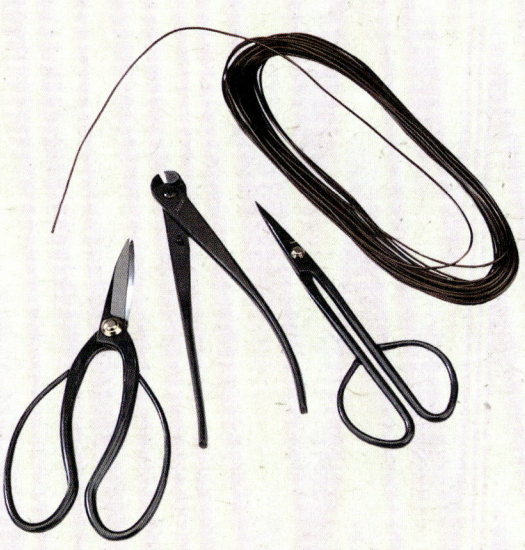

S. 38

Umtopfen

Das regelmäßige Umtopfen mit dem dabei durchgeführten **Wurzelschnitt** macht vielen Bonsai-Anfängern Sorgen. Wie diese wichtige Arbeit ganz entspannt durchgeführt wird, sehen Sie hier in allen wichtigen und nachvollziehbaren Einzelschritten.

Qualitätsmerkmale eines guten Bonsai

Im Wesentlichen sind drei Baumteile für die Qualität eines Bonsai von entscheidender Bedeutung: Wurzelansatz, Stamm und Verästelung.

— Ein **kraftvoller Wurzelansatz** ist absolut notwendig, will man den Eindruck eines fest mit der Erde verwurzelten, alten Baumes vermitteln. Bei geraden Stämmen streben von der Stammbasis aus kräftige Wurzeln mehr oder weniger sternförmig nach außen in den Boden. Bei geneigten Stämmen sehen wir in der Stammverlängerung längere Wurzelbereiche, unterhalb der Stammneigung kürzere Oberflächenwurzeln. Ohne ein gut ausgebildetes Nebari (jap.: Wurzelansatz) wirkt der Bonsai wie ein in die Erde gesteckter Reisigbesen, nicht wie ein natürlicher Baum.

— Der **Stamm** sollte sich gleichmäßig vom Wurzelansatz bis hinauf in die Krone verjüngen. Alle abrupten Dickenänderungen stören das Bild eines alten Baumes. Bei gewundenen Stämmen sind die Biegungen so anzulegen, dass sie ruhig und harmonisch verlaufen und von unten nach oben immer weniger raumgreifend sind. Unruhige Zick-Zack-Bewegungen zeugen von gestalterischem Unvermögen.

— Ohne **Äste und Zweige** hat der Baum keine Form. Die Äste sind so anzulegen, dass sie die Vorderseite des Stammes in den unteren

Gute Qualität Der Wurzelhals des Fächer-Ahorns geht harmonisch in den Stamm über. Der Stammverlauf nimmt die vorgegebene Bewegung in idealer Weise auf.

Der Pfropfbereich ergibt einen schlechten Wurzelhals.

Tellerartige Wurzelhälse Imposanter Stammübergang

ein bis zwei Dritteln nicht verdecken. Der untere Ast muss auch immer der dickste und längste Ast sein. Die folgenden Äste verlaufen fast spiralig von unten nach oben um den Stamm und werden in dieser Reihenfolge auch kürzer und dünner. In gleicher Reihenfolge nimmt die Verzweigung der Äste ab. Die feine Verzweigung der Äste sollte dem Schema der Baumart in der freien Natur folgen. Qualitätsbonsai wirken stets natürlich, nie gekünstelt.

Der Bonsai-Kauf will gut überlegt sein

Wenn Sie für sich selbst oder als Geschenk einen Bonsai kaufen wollen, sollten Sie nach Möglichkeit den Bonsai-Fachhandel aufsuchen. Hier finden Sie die der Bonsai-Kunst angemessene Fachberatung sowie eine umfangreiche Auswahl an Qualitätsbonsai unterschiedlicher Preiskategorien. Die häufig angebotenen Billigpflanzen sind unter Umständen als „Trainingspflanzen" für die richtige Pflege geeignet, sie werden sich aber in den seltensten Fällen, selbst bei gutem gestalteri-

schem Können, zu guten Bonsai erziehen lassen. Bei importierten, sehr preisgünstigen Bonsai stellt häufig verdichtete Lehmerde ein zusätzliches Pflegerisiko dar. Hier muss schnell in geeignete Bonsai-Erde umgetopft werden.

CHECKLISTE FÜR DEN KAUF

— Sehen Sie sich alle Bonsai genau an und lassen Sie sie auf sich wirken. Normalerweise kommen dabei nur einige Bonsai in die engere Wahl.
— Fragen Sie den Fachhändler nach den speziellen Pflegebedürfnissen der in Aussicht genommenen Pflanzen.
— Macht der Baum einen gesunden Eindruck oder können Sie Schädlinge entdecken? In diesem Fall ist von einem Kauf abzuraten.
— Sollte der Baum eingedrahtet sein und haben Sie mit dem Entdrahten keine Erfahrung, fragen Sie den Händler, ob er Ihnen zur gegebenen Zeit beim Entdrahten behilflich ist.
— Ein frisch umgetopfter Bonsai kann ein Pflegerisiko darstellen. Deshalb sollte der Baum gut eingewurzelt sein und innerhalb des nächsten Jahres nicht umgetopft werden müssen.

Der richtige Standort für Sommer & Winter

Alle Freiland-Bonsai benötigen das ganze Jahr über einen Platz im Freien. In der Wachstumszeit sollte der Standort hell und luftig sein. Der ideale Standort bietet dem Bonsai von allen Seiten gleichmäßige Lichtverhältnisse. Auf keinen Fall dürfen Freiland-Bonsai mehrere Tage ins Zimmer gestellt werden. Ideal sind Stellflächen in Brusthöhe für besseres Arbeiten an den Bäumen, die aus einzelnen Brettern bestehen, die mit Zwischenräumen versehen sind, damit überschüssiges Gießwasser ungehindert abfließen kann. Als problematisch sind alle Stellflächen mit glatten Oberflächen anzusehen. Leicht können sich unter den Abflusslöchern in den Bonsai-Schalen Wasserblasen bilden, die dann zu Staunässe führen. Bei solchen Stellflächen sollte eine halbe Stunde nach dem Gießen kontrolliert und eventuell vorhandenes Wasser fortgewischt werden.

Zimmer-Bonsai sollten an einem hellen Fenster in Süd-, West- oder Ostrichtung stehen. Fenster, die nach Norden zeigen, bieten häufig für Pflanzen keine ausreichenden Lichtverhältnisse. Auch sollte der Standort nicht mehr als ein Meter vom Fenster entfernt sein. Objektiv nimmt die Lichtmenge mit der Entfernung vom Fenster im Quadrat ab. Schon in zwei Meter Fensterentfernung können die meisten Pflanzen keine ausreichende Fotosynthese mehr betreiben.

Auch alle Zimmer-Bonsai sollten im Sommer nach draußen gestellt werden. Ein solcher „Urlaub" wirkt sich wie ein Jungbrunnen aus. In den ersten Tagen sollte der Standort im Freien halbschattig sein.

Im Herbst holt sich der Baum die Nährstoffe aus den Blättern und lagert sie in die Wurzeln ein. Die beginnende Laubfärbung ist ein untrügliches Zeichen dafür.

Erfolgreich überwintern

Konnte ein Freiland-Bonsai den Sommer über Kraft sammeln und sich im Herbst gut auf den Winter vorbereiten, überstehen die oberirdischen Baumteile der meisten Freiland-Bonsai bis zu –20 °C problemlos. Der in den meisten Fällen empfindliche Bereich ist der Wurzelballen. Auch im laublosen Zustand verdunstet über die oberirdischen Baumteile weiterhin Wasser, das ein eingefrorener Wurzelballen nicht nachliefern kann. Daher sollte der Wurzelballen ab –5 °C gegen Durchfrieren geschützt werden. Dazu kann man eine mit Abflusslöchern versehene und mit stets feucht gehaltenem Rinden- oder Nadelstreu gefüllte Kiste verwenden, in die man die Bonsai samt Schale einsenkt. Eine regelmäßige Kontrolle der Bodenfeuchtigkeit ist erforderlich. Bei Bedarf muss auch im Winter an frostfreien Tagen regelmäßig gegossen werden. Zudem ist Schutz gegen kalte Winde erforderlich. Ein Standort nah an einer Hauswand in Süd- oder Westrichtung kann hier schon sehr hilfreich sein. Eine Überwinterung in einem kalten (max. 5 °C), aber hellen Treppenhaus ist eine gute Alternative.

Freiland-Bonsai können geschützt draußen überwintern.

Überwinterung und Winterschutz

Überwinterungs-gruppe	Pflanzenname	Überwinterungs-raum
Zimmer-Bonsai	Fukien-Tee (Carmona microphylla) Tropische Feige (Ficus) Gardenie (Gardenia jasminoides) Orangenjasmin (Murraya paniculata) Sageretie (Sageretia theezans)	Im temperierten Zimmer, sie bevorzugen das ganze Jahr über gleichmäßige Klimaverhältnisse
Kalthauspflanzen	Fächer-Ahorn (Acer palmatum) Kamelie (Camellia japonica) Buche (Fagus) Mini-Kumquat (Fortunella hindsii) Zier-Apfel (Malus) Olivenbaum (Olea europaea) Feuerdorn (Pyracantha angustifolia) Satsuki-Azalee (Rhododendron indicum) Chin. Ulme (Ulmus parvifolia)	Kühles, frostfreies Zimmer
Freiland-Bonsai	Dreispitz-Ahorn (Acer buergerianum) Jap. Hainbuche (Carpinus japonica) Zierquitte (Chaenomeles) Quitte (Cydonia oblonga) Fächerblattbaum (Ginkgo biloba) Wacholder (Juniperus) Lärche (Larix) Fichte (Picea) Kiefer (Pinus) Jap. Aprikose (Prunus mume) Zelkove (Zelkova)	Draußen, ab –5 °C den Wurzelballen gegen Durchfrieren und die oberirdischen Teile gegen Wind schützen

Wasser & Dünger — richtig dosiert

Eine regelmäßige Versorgung mit Wasser und Nährstoffen ist für einen gesunden Bonsai unerlässlich. Vermeiden Sie jedoch Staunässe und Überdüngung.

Bonsai gießen

Wann und wie viel gegossen werden muss, hängt stark von der Baumart, der Temperatur, der Jahreszeit, dem Standort und nicht zuletzt von der Größe des Bonsai und seiner Schale ab.

An heißen, windigen Sommertagen kann es notwendig sein, mehrmals am Tag ausgiebig zu gießen, während im Winter möglicherweise nur einmal in der Woche Wasser gegeben werden muss.

Man kann sagen, dass die Erde niemals ganz trocken werden darf. Sobald die Erdoberfläche heller zu werden beginnt, spätestens wenn sich Risse in der Oberfläche bilden und sich die Erde vom Schalenrand ablöst, muss gewässert werden. Gegossen wird mit einer möglichst feinbrausigen, langhalsigen Gießkanne. Es wird immer so lange gegossen, bis überschüssiges Gießwasser durch die Löcher im Schalenboden abfließt. Kann überschüssiges Gießwasser nicht ausreichend abfließen, entsteht eventuell Staunässe, was in der Folge zum Absterben der Wurzeln führt. Der Baum

zeigt dann die gleichen Symptome, wie wenn er vertrocknen würde: Die abgestorbenen Wurzeln können das von den oberirdischen Teilen verdunstete Wasser nicht mehr nachliefern. Der

Gießen Zunächst wird die Erde und dann die ganze Pflanze ausgiebig gewässert. Die Wassertropfen auf den Blättern führen auch in der Sonne nicht zu Verbrennungen.

Nur bei ausreichender Düngung können Bonsai gut wachsen und sich gesund entwickeln. In der Abbildung wurde der linke Baum hinreichend gedüngt, während der rechte Baum zu hungrig gehalten wurde.

Bio-Gold Die auf das Erdreich aufgelegten Düngekugeln werden von Kleinlebewesen im Erdreich aufgeschlossen. Die enthaltenen Nährsalze werden der Pflanze zur Verfügung gestellt, die sie mit den Wurzeln aufnimmt.

Baum ist jetzt nur noch zu retten, indem er, unabhängig von der Jahreszeit, sofort umgetopft wird. Dabei werden alle abgestorbenen Wurzeln entfernt. Tote Wurzeln lassen sich ganz leicht abzupfen, wobei häufig ein Faden aus dem verholzten Wurzelinnenbereich zurückbleibt. Ohne diese Sofortmaßnahme würde die Fäulnis von den abgestorbenen auf die noch intakten Wurzeln übergreifen – der Baum wäre verloren.

Rund ums Düngen

Dünger kann von den Pflanzen nur in Form von Nährsalzen aufgenommen werden. Daher bezeichnet man anorganischen Dünger auch als Pflanzendünger, da die darin enthaltenen Nährelemente von den Wurzeln direkt mit dem Wasser aufgenommen werden können. Angewendet werden diese Düngerlösungen in der vom Hersteller angegebenen Konzentration.
Organische Dünger bestehen aus pflanzlichen oder tierischen Stoffen, die von den Mikroorganismen im Boden erst noch aufbereitet werden

müssen, ehe die Nährelemente der Pflanze zur Verfügung stehen. Die im Bonsai-Fachhandel angebotenen organischen Dünger haben meist Pulver- oder Kugelform. Sie sind nach traditionellen japanischen Rezepturen zusammengestellt und können bedenkenlos alle vier bis sechs Wochen eingesetzt werden. Freiland-Bonsai dürfen nur in der Wachstumszeit vom Frühjahr bis zum Herbst gedüngt werden. Im Winter werden Freiland-Bonsai gar nicht gedüngt. Eine letzte Düngung sollte auf jeden Fall Anfang September stattfinden.
Bevor man düngt, sollte hinreichend gewässert werden. Etwa eine Stunde später wird gedüngt. Eine Düngung bei trockenem Erdreich würde dazu führen, dass die Düngerlösung die feinen Wurzelspitzen verbrennt.

Der Film zeigt, wie es geht! So werden Bonsai richtig gegossen und mit Dünger versorgt.

Es gibt eine Vielzahl sinnvoller Bonsai-Werkzeuge Von links: Wurzelkralle, Pinzette, Drahtbürste, Bonsai-Besen, verschiedene Scheren, Drahtzangen, Konkavzangen.

Die wichtigsten Werkzeuge

Am Anfang werden nur die Werkzeuge benötigt, die für die Pflegemaßnahmen notwendig sind. Grundsätzlich sollte man gleich Qualitätswerkzeug kaufen, welches nicht schon nach wenigen Einsätzen zerbricht oder vor sich hinrostet. Zur Grundausstattung gehören eine oder mehrere Bonsai-Scheren zum Beschneiden der feinen und mittleren Triebe, um die Bonsai immer wieder in Form zu schneiden. Für einen glatten Schnitt sind die Schnittflächen der Bonsai-Scheren scharf und gerade.

Mit der großen Bonsai-Schere kann man Triebe bis etwa Bleistiftdicke bei den meisten Baumarten schneiden. Die lange Bonsai-Schere ist für feinere Gestaltungsarbeiten im Inneren der Baumkrone gedacht.

FÜR FEINE TRIEBE

Die lange Bonsai-Schere erleichtert das Schneiden feinerer Triebe. Die scharfen Schnittflächen vermeiden das Abquetschen der Triebe, wie es viele Gartenscheren machen würden. Eine abgequetschte Schnittfläche verheilt nur verzögert oder gar nicht. Achten Sie immer darauf, dass die Schnittflächen nicht schartig oder stumpf werden. Eine regelmäßige Desinfektion verhindert, Krankheiten von einem Baum auf den anderen zu übertragen.

DIE TRADITIONELLE SCHERE

Die normale Bonsai-Schere ist das am häufigsten benutzte Werkzeug. Sie ist in Japan im Laufe der Jahrhunderte immer weiterentwickelt worden und wurde somit zur traditionellen Bonsai-Schere. Mit ihr kann man dickere wie auch dünnere Äste und Zweige zurückschneiden oder auch den Wurzelschnitt durchführen. Wegen der großen Griffohren liegt sie gut in der Hand und ist zudem leicht zu führen. Die langen Hebelarme erleichtern den Schnitt auch dickerer Triebstücke.

SO WIRD GESCHNITTEN

Bei jedem Schnitt sollte wirklich nur der Bereich beschnitten werden, den man entfernen will. Ob nun bei einem dicht wachsenden Wacholder oder einem Laubbaum, achten Sie immer darauf, dass das Laub unbeschädigt bleibt. Gerade bei Nadelbäumen hat man ansonsten braune Triebspitzen, die das Gesamtbild des Bonsai beeinträchtigen. Für solche Arbeiten ist die feine Spitze der schlanken Bonsai-Schere ideal.

Konkavzangen richtig anwenden

Beim Entfernen dickerer Zweige und Äste ist es wichtig, schon mit dem Schnitt für eine anschließend gute Wundverheilung zu sorgen. Ist einem Baum eine größere Wunde zugefügt worden, beginnen an den Wundrändern spezielle Zellen mit verstärkten Teilungsaktivitäten, um die Wunde möglichst schnell zu verschließen und so das Eindringen von Keimen zu verhindern. Bei einem Bonsai ist es wichtig, dass sich die verheilte Wunde anschließend auch gut in den Holzkörper einpasst. Durch einen konkaven Schnitt, der etwas tiefer in das gesunde Holz hineinreicht,

als der Ansatz des entfernten Astes war, werden die Voraussetzungen hierfür geschaffen. Der vertiefte Schnitt ist notwendig, weil das Narbengewebe immer etwas mächtiger ist als das normal gewachsene Holz und die darüber liegende Rinde.

 **002** **Zangen und Scheren im Einsatz:** Wie Sie Scheren, Konkav- und Drahtzangen korrekt anwenden, sehen Sie in diesem Film.

Mit der Konkavzange wird ein längerer Ast auf dünnere Nebentriebe zurückgesetzt.

Mit der Knospenzange entfernt man noch vorhandene, eingetrocknete Aststümpfe.

Flache Konkavzange

Für einen Konkavschnitt bei weniger dicken
Zweigen und Ästen hat sich die flache Konkavzange bewährt. Die Schneidbacken greifen seit-
lich an den Zweig und führen einen mäßig konkaven Schnitt aus. Das Wundbild erinnert an
ein flaches Oval, welches an beiden Enden spitz
zuläuft. Die spitzen Enden sollten jeweils den
oberen und unteren Teil der Wunde bilden.

Große Konkavzange

Je dicker der zu entfernende Ast ist, desto weiter
müssen sich die Schneidbacken abspreizen lassen. Natürlich müssen die Hebelarme, an denen
unsere Hand angreift, lang sein, damit die Druck-
kraft der Hand entsprechend verstärkt wird. Die
gewölbte Stellung der Schneidbacken zueinander
zieht die Backen beim Schnitt tief in das gesunde
Holz hinein. Auch hier sollte der Schnitt aus den
oben angegebenen Gründen der Richtung des
Saftstroms folgen.

Knospenzange

Bei der Knospenzange sind die Schneidbacken
halbkugelig geformt. Das Schnittbild ergibt eine
fast kreisrunde Vertiefung im gesunden Holz.
Ihren Namen erhielt sie von ihrem Einsatz bei
der Entfernung von Knospen nah am Stamm
oder an den Seiten dickerer Äste. Auch große
Wunden, die nach dem Entfernen dickerer Äste
entstehen, arbeitet man mit der Knospenzange
nach. Darüber hinaus leistet sie bei der Bearbei-
tung des Wurzelballens wertvolle Hilfe.
So muss beispielsweise die dicke Pfahlwurzel
mancher Baumschulpflanzen, die man zum Bonsai gestalten will, entfernt werden.

WUNDEN VERSCHLIESSEN

1. **Mit der Knospenzange** werden die
   Wundränder von allen noch vorhandenen
   Holzfasern gereinigt.

2. **Die endgültige Verheilung** einer größeren
   Wunde kann sich über Jahre hinziehen und
   ist eine ideale Eintrittsstelle für holzzerstö-
   rende Bakterien und Pilze. Deshalb ist es
   notwendig, den Wundbereich zu schützen.
   Die japanische Wundknetmasse ist ein besonders geeignetes Wundverschlussmittel:
   Man formt zwischen den mit Wasser ange-
   feuchteten Fingerspitzen eine kleine Kugel
   und drückt sie bis zu deren Rändern auf die
   Wunde. Die Knetmasse deckt die Wunde
   während der Heilung sicher ab, danach fällt
   sie rückstandsfrei ab.

Bei Nadelbäumen die Form erhalten

Die wichtigste Arbeit bei der Formerhaltung, zum Beispiel an Wacholdern, ist das Rücksetzen von längeren Zweigen auf kürzere Nebenzweige, um dichte, wolkenförmige Nadelpolster auf den Ästen aufzubauen. Da die Hauptwuchskraft in die Triebspitzen geht, würde bei ungehindertem Wachstum der Ast weiter innen verkahlen. Gleichzeitig sollten die Nadelpolster eines Astes in viele kleine „Wölkchen" an den Zweigen unterteilt sein. Dazu ist es notwendig, zu dicht gewachsene Astpolster immer wieder durch Ausdünnen aufzulockern. Die Astsilhouette sollte von vorn betrachtet einen Halbkreis mit einer aufgelockerten Kontur beschreiben. Von der Seite betrachtet

sind die auf dem Ast wachsenden Nadelpolster an der Astspitze niedriger als zum Stamm hin. Alle Triebe, die auf der Unterseite des Astes nach unten wachsen, werden entfernt. Jeder Ast sollte vom Betrachter als Einzelelement der Gestaltung erkennbar sein.

Einkürzen von „Kerzen" bei Kiefern

Kieferntriebe entwickeln sich zunächst kerzenartig. Erst wenn der Trieb fast seine volle Länge erreicht hat, drängen die Nadeln aus ihren Blattscheiden. Um dichte Nadelpolster auf der Ast-

FORMERHALTUNG: WACHOLDER
1. **Ein Rückschnitt** ist hier dringend erforderlich.
2. **Lange Triebe** auf kurze Nebentriebe zurücksetzen.
3. **Strukturierte** Einzelpolster nach dem Rückschnitt.

oberseite zu erhalten, müssen die lang auswachsenden Triebkerzen mit den Fingern eingekürzt werden. Mit keinem anderen Werkzeug können wir so fein und sicher arbeiten wie mit unseren Fingern. Wichtig ist, dass nicht die Fingernägel eingesetzt werden, die ungewollt Blätter verletzen könnten. Alle noch weichen, krautigen Triebe können mit den Fingerkuppen von Daumen und Zeigefinger der einen Hand gezupft werden. Die Finger der anderen Hand sichern dabei den Rest des Triebes.

Stehen mehrere Kerzen, vor allem an den Zweigspitzen, eng nebeneinander, wird zunächst die längste Kerze eingekürzt. Die nächste Kerze wird erst dann verkürzt, wenn sie fast die ehemalige Länge der vorher gekürzten Kerze erreicht hat. Bei mehr als zwei eng beieinander wachsenden Kerzen lässt man nur zwei bis drei Kerzen stehen. Wir beginnen mit den lang auswachsenden Trieben an der Baum- und den Astspitzen. Diese werden um etwa zwei Drittel verkürzt. Ein bis zwei Wochen später sind die Kerzen im mittleren Bereich des Baumes um etwa ein Drittel zurückzunehmen. Die ganz kurzen Kerzen im Inneren des Baumes brauchen in der Regel nicht gekürzt zu werden.

Blüht eine Kiefer, so erscheinen die weiblichen Blüten, aus denen sich die Zapfen entwickeln, an den Spitzen diesjähriger Triebe. Männliche Blüten entwickeln sich an der Basis diesjähriger Triebe. Nach der Blütezeit fallen die männlichen Blüten ab, zurück bleibt ein unbelaubtes Triebstück, das ganz entfernt wird. Im Herbst muss an Kiefern zusätzlich die Blattmasse reduziert werden. Die Nadeln des vorherigen Jahres werden kurz oberhalb der häutigen Blattscheide abgeschnitten. Nach einiger Zeit werden diese „Stoppeln" trocken und fallen ab. Nicht abzupfen, dabei entstehen leicht Risswunden!

„KERZEN" EINKÜRZEN: KIEFER

1. **Einkürzen** der neuen Kerzen mit den Fingerkuppen.
2. **Sichern** des Resttriebes.
3. **Kürzere Kerzen** eine Woche später einkürzen.

Laubbäume formen und schneiden

Vor Beginn der Wachstumszeit sollten die Äste und Zweige von Laubbäumen in ihrer Form überarbeitet werden. Alle trockenen Zweige und die Form störenden Triebe werden entfernt, überlange Triebe durch Schnitt wieder in die Form integriert.

In jeder Triebknospe befindet sich nicht nur ein Blatt, sondern die Anlage für einen ganzen Trieb mit einer Reihe von Blättern daran. Bereits an der Stellung der Knospen kann man sehen, in welche Richtung der Trieb wachsen wird, der sich daraus entwickelt. So kann bereits durch den Schnitt das Verzweigungsmuster beeinflusst werden. Soll sich beispielsweise ein Ast nach rechts verlängern, schneidet man den Ast kurz vor einer nach rechts zeigenden Knospe ab. Grundsätzlich sollte man dabei ein etwa einen Zentimeter langes Zweigstück vor der Knospe stehen lassen, auf die man zurückschneidet, da sie sonst eintrocknet.

Alle Triebschnitte sollten mit einer scharfen Schere durchgeführt werden, weil der Schnittbereich sonst leicht ausfasert. Über der Knospe lässt man ein etwa einen Zentimeter langes Zweigstück stehen.

Einen Blattschnitt führt man erst durch, wenn eine Knospe in der Blattachsel sichtbar ist. Dann schneidet man den Blattstiel nah an der Blattfläche durch. Der Restblattstiel, fällt nach einiger Zeit ab und die Knospe treibt aus.

Triebschnitt

Mit dem Austrieb im Frühjahr beginnt die Formerhaltung. Aus Knospen an den Triebspitzen
treiben längere Triebe aus als aus weiter innen
liegenden Knospen. Entsprechend werden die
Spitzentriebe etwa eine Woche früher zurückgeschnitten als die anderen Triebe. Spätestens bei
acht gebildeten Blättern schneidet man auf ein
bis zwei Blätter zurück.

Pinzieren

Vor allem bei Ahornen und Buchen müssen
die sich neu bildenden Triebe recht früh in ihrem Wachstum gehemmt werden. Sobald sich
bei Ahornen das erste Blattpaar gebildet hat,
zupft man mit einer Pinzette den Resttrieb heraus. Bei Buchen beginnt man mit dem Pinzieren, sobald sich die Triebe aus den Knospen
strecken. Hier belässt man ein bis zwei Blätter.

003 **Laubbäume in Form schneiden:** Was es beim Schnitt von
Laubbäumen zu beachten gibt,
sehen Sie in diesem Film.

Blattschnitt

Sind die Blätter für den Bonsai zu groß, kann
man einen Blattschnitt durchführen. Allerdings
darf er nur bei gesunden Bäumen durchgeführt
werden, weil der Baum dadurch geschwächt wird.
Dabei werden nur die Blattflächen abgeschnitten, die Blattstiele lässt man stehen. Nach einiger
Zeit trocknen die restlichen Blattstiele ein und
fallen ab. Aus den vorher in den Blattachseln gebildeten Knospen treiben Triebe mit kleineren
Blättern und kürzeren Blattabständen aus. Diese
Methode macht nur Sinn, wenn der Baum nicht
gleichzeitig übermäßig gedüngt oder ungenügend
mit Licht versorgt wird.

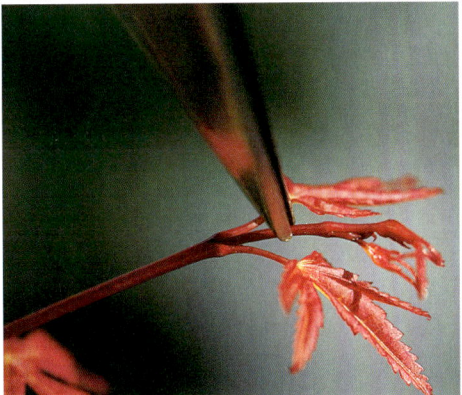

Mit dem Pinzieren stellt man sicher, dass die von den
Triebspitzen gebildeten Hormone nicht für längere Zweig-
stücke zwischen den Blättern sorgen. Man zupft die Triebspitze heraus, sobald sich das erste Blattpaar gebildet hat.

Bei diesem *Ficus* hat man die neuen Triebe lang durch-
treiben lassen, um eine stärkeres Dickenwachstum von
Stamm und Ästen auszulösen. Nun müssen alle Triebe auf
zwei bis drei Blätter zurückgeschnitten werden.

Drahten und entdrahten

Bei der Bonsai-Gestaltung versuchen wir, einem jungen Baum das Aussehen eines Baumveteranen zu geben. Während bei einem jungen Baum die Äste aufwärts streben, sind die Äste eines alten Baumes mehr oder weniger stark waagerecht oder sogar abwärts geneigt. Das erreicht man bei einem Bonsai mithilfe von Draht.

Die Werkzeuge

Neben eloxiertem Aluminiumdraht in verschiedenen Stärken benötigt man eine Drahtzange. Ähnlich wie bei einem Seitenschneider gehen die kurzen Schneidbacken nach vorn gerichtet aufeinander zu. Vor allem beim Entfernen des Drahtes kann man ganz nah an die Rinde herangehen, um die Drahtwindung durchzukneifen.

Das Eindrahten

Bei der ersten Formgebung eines Baumes zum Bonsai muss er meist vollständig eingedrahtet werden. Als Erstes wird der Stamm eingedrahtet und in die beabsichtigte Form gebogen. Darauf folgen von unten nach oben die Äste und schließlich die daran befindlichen Zweige. Bei der Auswahl der richtigen Drahtstärke muss der Draht meist etwa ein Drittel so dick sein

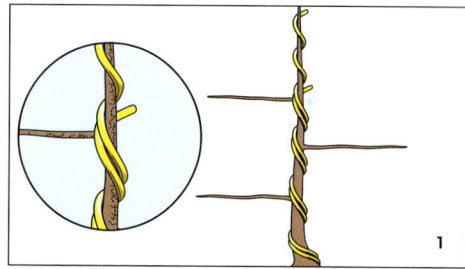

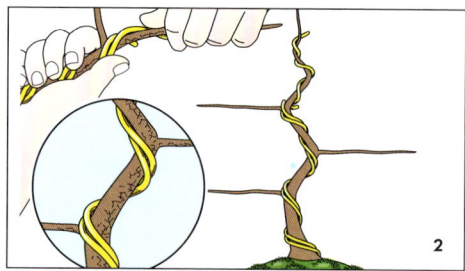

DRAHTEN DES STAMMES

1. **Durchdrahten** Der Stamm wird immer bis zur Spitze hin durchgedrahtet. Während von zwei parallelen Drähten einer vorzeitig endet, wird der andere bis zu Spitze geführt.
2. **Beim Biegen** des Stammes üben Sie mit dem Daumen der einen Hand den Biegedruck aus, während die andere Hand den Druck verstärkt.

Mit Draht formen: Der Film zeigt Schritt für Schritt, worauf es beim Drahten eines Bonsai ankommt.

WEG MIT DEM DRAHT – JETZT!

Durch das Dickenwachstum besteht die Gefahr, dass der Draht in die Rinde eindrückt. Das geschieht besonders schnell im September. In dieser Zeit bildet der Baum bei richtiger Düngung das Abschlussgewebe für den Winter, was immer mit einem zusätzlichen Dickenwachstum verbunden ist. Nun ist der Zeitpunkt gekommen, den Draht wieder zu entfernen.

wie der Baumteil, der eingedrahtet werden soll. Folgende Regeln sind zu beachten:
— Man arbeitet beim Drahten von unten nach oben und von innen nach außen.
— Der Draht für den Stamm wird auf dessen Rückseite im 45°-Winkel in die Erde gesteckt.
— Mit der einen Hand fixiert man den Draht, während die andere Hand den Draht möglichst weit außen greift und im 45°-Winkel um den Stamm windet.
— Der Draht sollte zwar eng anliegen, aber nicht in die Rinde einschneiden. Es darf kein Zwischenraum zwischen Baumteil und Draht sein.
— Beim Eindrahten von Ästen und Zweigen werden nach Möglichkeit zwei gleich starke Äste mit einem Draht umwickelt. Beim Übergang zwischen den beiden Ästen oder Zweigen sollte mindestens eine Drahtwindung um den Stamm oder Ast geführt werden.
— Umwinden mehrere Drähte einen Baumteil, werden diese parallel zueinander angelegt. Drähte dürfen sich nicht überkreuzen.
— Der Draht muss auf der Außenseite der beabsichtigten Biegung liegen, um seine Kraft entfalten zu können.
— Beim Biegen des Baumteils legt man mindestens den Daumen einer Hand auf die Innenseite der Biegung.

Das Entfernen des Drahtes

Beim Entdrahten arbeitet man von oben nach unten und von außen nach innen. Dabei wird jede Drahtwindung mit der Drahtzange durchgekniffen und fällt dadurch ab. Die Schneidbacken der Drahtzange sind so ausgerichtet, dass Sie ganz nah an dem Baumteil selbst dickere Drähte durchkneifen können. Auf keinen Fall sollte man versuchen, den Draht abzuwickeln.

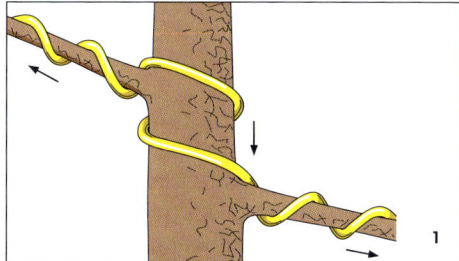

DRAHTEN DER SEITENÄSTE

1. **Zur besseren Stabilisierung** werden immer zwei gleich starke Äste oder Zweige eines Bonsai-Baumes mit einem gemeinsamen Draht versehen.
2. **Durch entsprechende Planung** kann man selbst reich verzweigte Äste vollständig so eindrahten, dass die einzelnen Drähte einander nicht überkreuzen.

Bonsai richtig umtopfen

—

Ist der Schalenraum für den Bonsai vollständig mit Wurzeln ausgefüllt, wird es Zeit fürs Umtopfen. Denn die Pflanze kann nur so lange gesund bleiben und wachsen, wie auch ihre Wurzeln wachsen können. Entsprechend sorgen wir durch einen Beschnitt des Wurzelballens für neuen Raum zum Wachsen der Wurzeln, der mit frischer Erde aufgefüllt wird.

Vorbereiten

Unmittelbar vor dem Umtopfen wird die trockene Pflanzerde gesiebt. Mit einem entsprechenden Siebesatz werden Körnungen von mehr als 1 cm (Dränageschicht), bis 6 mm (Pflanzerde), bis 1 mm (Deckschicht) und staubfeine Teile (wegwerfen) ausgesiebt. Vor dem Umtopfen lässt man die Erde des Bonsai leicht antrocknen.

Austopfen und Bearbeiten

Mit einem scharfen Messer wird der Wurzelballen vom Schalenrand gelöst. Eventuell vorhandene Fixierungsdrähte werden entfernt. Mit einer Wurzelkralle lockert man den Wurzelballen vorsichtig von außen nach innen. Bei einem Wurzelschnitt wird nun etwa ein Viertel bis ein Drittel der gelockerten Wurzelmasse abgeschnitten. Zurück bleibt ein kompakter, flacher Wurzelballen.

Eintopfen

Nach dem gründlichen Säubern der Schale fixiert man über den Wasserabzugslöchern kleine Kunststoffnetze mit Bonsai-Draht-Schlaufen, damit die Erde nicht hinausrieseln kann. Durch je zwei Abzugslöcher wird ein dünner Bonsai-Draht von unten in die Schale eingeführt. Auf den Schalenboden wird eine Schicht der groben Bonsai-Erde als Dränageschicht eingefüllt. An der Stelle, an der der Baum stehen soll, wird ein kleiner Hügel Pflanzerde aufgestreut. Mit leicht drehenden Bewegungen drückt man den Baum auf den Hügel, sein Wurzelhals soll leicht über den Schalenrand ragen. Die Verankerungsdrähte werden kreuzweise über den Wurzelballen gelegt und die Enden fest miteinander verdrillt. Die trockene Pflanzerde wird eingefüllt und durch vorsichtig stochernde Bewegungen mit dem Essstäbchen in alle Hohlräume zwischen die Wurzeln gearbeitet.

Angießen

Zum Abschluss sollte die Erde gründlich angegossen werden, bis überschüssiges Gießwasser aus den Abflusslöchern austritt.
Für etwa vier Wochen darf der frisch umgetopfte Baum nicht in der prallen Sonne stehen und auch nicht gedüngt werden.

1

5

2

6

3

4

005   **Bonsai umtopfen — so geht's:** Der Film zeigt Schritt für Schritt, worauf es beim Umtopfen eines Bonsai ankommt.

UMTOPFEN – SCHRITT FÜR SCHRITT

1. **Vor drei Jahren** ist der 20 Jahre alte Granatapfelbaum zum letzten Mal umgetopft worden. Jetzt wird er im zeitigen Frühjahr umgetopft.
2. **Den stark verfilzten Wurzelballen** von außen her mit Hilfe der Wurzelkralle lockern. Die lang herabhängenden Wurzelbärte abschneiden.
3. **Mit leichten Drehbewegungen** den Baum auf den Hügel aus Erde setzen, die Fixierungsdrähte über dem Ballen verdrillen und schließlich mit Pflanzerde auffüllen.
4. **Mit einem an der Spitze abgerundeten Essstäbchen** die Erde in alle Wurzelzwischenräume einarbeiten. Es dürfen keine Hohlräume zurückbleiben.
5. **Zum Schluss** gründlich angießen. Vorsichtig, ohne Erde fortzuspülen, so lange wässern, bis das Wasser durch die Abzugslöcher auszufließen beginnt.
6. **Zur Oberflächengestaltung** und als Verdunstungsschutz ist hier ein Moospolster aufgelegt worden. Der Baum hat auf das Umtopfen wie beabsichtigt reagiert. Der im Frühling einsetzende Austrieb ist reichlich und kraftvoll.

Gezielt wachsen lassen und schneiden

Sollen der Stamm oder einzelne Äste an Dicke zunehmen, ist es notwendig, die Triebe lang auswachsen zu lassen. Je mehr Blätter mit Hilfe der Fotosynthese Baustoffe herstellen können, desto größer ist der Dickenzuwachs an den davon versorgten Baumteilen. So nimmt nicht nur der Ast, an dem die Triebe lang auswachsen durften, deutlich an Dicke zu, sondern auch der Stamm.

Stamm und Äste verdicken

Lässt man den Bonsai mehrfach hintereinander durchwachsen und schneidet ihn dann immer wieder stark zurück, erhält man einen entsprechend starken Dickenzuwachs an Stamm und Ästen.

Lang auswachsende Triebe haben den Nachteil, dass sie sich nur wenig verzwei-gen und große

Vorher Dieser 25 Jahre alte *Ficus retusa* durfte einen Sommer lang stark durchwachsen.

Nachher Nach dem kräftigen Rückschnitt kommen Stamm, Äste und Wurzelhals wieder zur Geltung.

Eine solche Stammdicke und einen so gut ausgeprägten Stammfuß erlangt man nur, indem man den Baum über mehrere Jahre immer wieder wachsen lässt und dann wieder stark zurückschneidet.

Blattabstände haben. Nach erfolgtem Dickenwachstum müssen solche Langtriebe auf nur wenige Knospen zurückgeschnitten werden.

Um eine feine Verzweigung zu erreichen, schneidet man die Triebe sehr früh zurück und führt bei Laubbäumen manchmal auch einen Teilblattschnitt durch. Der frühe Rückschnitt beginnt an den äußeren Trieben, weil hier das Wachstum am stärksten ist. Entsprechend werden in der Krone die Spitzen der dicken Äste zuerst beschnitten. Etwa zwei Wochen später erfolgt der Rückschnitt der anderen Zweige und Äste des Bonsai.

Verjüngungskur

Neben dem Dickenwachstum kann diese Methode ein Jungbrunnen für den Baum sein. In dieser Zeit hat der Baum die Möglichkeit, viel Energie

zu sammeln und dadurch für gestalterische Eingriffe besser gerüstet zu sein. Bei dem etwa 25 Jahre alten *Ficus retusa* auf der linken Seite wurde diese Methode angewendet. Der Baum durfte einen Sommer lang ungehindert durchwachsen. Er sieht mit den überlangen Trieben ziemlich struppig aus. Nun muss er wieder in seine Form gebracht werden.

Alle langen Triebe werden auf nur wenige Blätter zurückgeschnitten und der Baum als Ganzes in seiner Form überarbeitet. Durch den Schnitt erlangt der Baum wieder Transparenz. Damit ist gemeint, dass dem Betrachter das Hauptgestaltungselement Stamm natürlich aussehend sichtbar gemacht wird. Die Silhouette der Krone soll wieder die Form eines ungleichschenkligen Dreiecks beschreiben. Eckpunkte des Dreiecks sind die Spitzen der unteren beiden Äste und die Kronenspitze.

Vom Baum zum Bonsai

Möchte man aus einer Baumschulpflanze oder wie hier aus einer Pflanze, die speziell als Bonsai-Kandidat gezogen wurde, einen Bonsai gestalten, sollte der Baum zunächst genau analysiert werden. Am Beispiel einer Kerb-Buche *(Fagus crenata)* wollen wir zeigen, wie man dabei vorgeht:

Erst analysieren ...

— Durch Drehen eines Bonsai findet man seine Vorderseite heraus.

— Die Vorderseite ist dann gefunden, wenn die Stammbiegungen harmonisch nach rechts und links verlaufen.
— Die unteren Äste sollten an den Außenseiten der Stammbiegungen entspringen.
— Der Baum muss breiter als tief sein. Dennoch sollte er aber eine deutliche Tiefenwirkung aufweisen.
— Die Krone neigt sich bei einem guten Bonsai zum Betrachter hin. Weist die Krone von Betrachter weg, lädt er den Betrachter nicht zum Betrachten ein.

... dann gestalten

— Als erster Gestaltungsschritt werden alle Äste und Zweige entfernt, die auf den Innenseiten von Stammbiegungen entspringen. Dadurch wird die Baumstruktur transparenter.

— Gesucht wird nun ein Zweig, der die neue Stammverlängerung darstellen kann. Nach Möglichkeit sollte dieser Zweig auf der Vorderseite entspringen, sodass der notwendige harte Schnitt auf der Rückseite liegt und dadurch nicht störend auffällt. Unter Umständen muss der Ast, der zur neuen Baumspitze werden soll, mit Draht korrigiert werden.

— Da der Baum nun niedriger ist, müssen die verbliebenen Äste ebenfalls zurückgeschnitten und ausgedünnt werden. Man arbeitet sich wieder an den Linien eines gedachten ungleichschenkligen Dreiecks entlang. Eckpunkte sind die neue Baumspitze und die Spitzen der beiden untersten Äste.

— Im ersten Jahr verbleibt der Baum zur Erholung in der Anzuchtschale.

SCHRITT FÜR SCHRITT ZUM BONSAI

1. **Analyse** und Kennzeichnung der Vorderseite.
2. **Die Rückseite** zeigt keinen harmonischen Stammverlauf und eine schlechte Aststellung.
3. **Als neue Baumspitze** dient ein ehemaliger Nebenast. Die bisherige Spitze wird bis zu diesem Ast abgeschnitten.
4. **Die Eckpunkte des Dreiecks** sind die Baumspitze und Spitzen des linken Hauptastes und des zweiten Astes auf der rechten Seite. An diesen Linien arbeitet man sich entlang.
5. **Für eine klare Struktur** wird die überstarke Verzweigung der Äste reduziert.
6. **Nach einem weiteren Jahr** in der Anzuchtschale erhält der Baum seine endgültige Schale. Der Baum wurde so platziert, dass er sich über die Freifläche lehnt. Der nun fertige Bonsai wird im Laufe der Jahre durch selektiven Beschnitt der neuen Triebe immer weiter verfeinert.

4

5

6

Ahorn im Doppelstamm-Stil vor der Umgestaltung. An den langen Trieben wurden die Blätter bereits entfernt.

Nach dem Blattschnitt erfolgt die Beurteilung. Die Stämme stehen falsch in der Schale, die Krone ist zu dicht.

Ein Leben lang wachsen und sich verändern

Ein Bonsai ist ein lebendes Kunstwerk. Da der Baum sein ganzes Leben lang wächst, manchmal Baumteile absterben oder der Bonsai seinen Besitzer wechselt, entstehen immer wieder neue Situationen, auf die reagiert werden muss. Bei einem gekauften Bonsai vertrauen die meisten Menschen auf das gestalterische Können des Bonsai-Gestalters. Aber auch ein Profi ist ein Mensch, der das eigentliche Potenzial des Baumes vielleicht nicht voll erkannt hat. Manch-

mal ist nur das Entfernen eines einzelnen Astes oder ein Umpositionieren des Baums in der Schale notwendig, um dem Bonsai eine neue, bessere Aussage zu geben.

Der Weg zur neuen Form

In dem hier vorgestellten Beispiel wird die Aussage des Bonsai verändert, indem der Baum in der Schale umpositioniert wird.

Ein radikaler Rückschnitt sorgt für eine bessere Astverteilung: Die Anzahl der Äste wurde reduziert.

Eine leichte Drehung in der Schale und schon erlangt der Bonsai ein harmonisches Aussehen.

An dem Dreispitz-Ahorn wurde ein Blattschnitt durchgeführt. Ein Blattschnitt kann nach dem Aushärten der Blätter durchgeführt werden, wenn der Baum gesund und ohne Schädlingsbefall ist. Beim Blattschnitt schneidet man nur die Blattflächen ab und lässt die Blattstiele stehen. Vorher hatten sich in den Blattachseln bereits Knospen gebildet. Während die Blattstiele eintrocknen und abfallen, treiben die Knospen aus und es wächst eine neue Blattgeneration. Nach dem Blattschnitt kann man die Gestaltungsstruktur gut beurteilen. Es wurde klar, dass der Bonsai eine neue Vorderseite braucht, da die Stämme falsch in der Schale stehen: Bei einem Doppelstamm sollte der dickere Stamm im Vordergrund stehen und der kleinere schräg versetzt dazu im Hintergrund. Dadurch erhält die Gesamtgestaltung eine größere Tiefenwirkung, was sie natürlicher erscheinen lässt.

Zur Vorbereitung der Umgestaltung hat der Gestalter einige Triebe lang durchwachsen lassen was zu einer Astverdickung führte. Sieht man sich die Gestaltung in der bisherigen Form genau an, fällt auf, dass vor allem die erste Biegung der beiden Stämme einen starken Knick aufweist. Dieser ersten heftigen Biegung folgen aber keine weiteren Schwünge in den oberen Stammbereichen, die diese Bewegung ausreichend aufnehmen könnten. Dreht man die Gestaltung langsam, erhält man an eine Perspektive, die, vor allem beim Hauptstamm, eine harmonische Linienführung zeigt. Zusätzlich tritt der Nebenstamm in den Hintergrund und gibt der Gestaltung mehr Tiefenwirkung.

Ein Lärchenwald aus Baumschulpflanzen

Waldpflanzungen eignen sich gerade für den Bonsai-Anfänger besonders gut für erste Gestaltungsversuche.

So geht's!

Für eine Waldpflanzung wählen wir Bäume derselben Art aus. Da die unterschiedlichen Baumarten auch häufig unterschiedliche Pflegebedürfnisse haben, sollte man keine unterschiedlichen Baumarten zu einem Wald zusammenfügen. Die einzelnen Bäume sollten sich in Dicke und Höhe unterscheiden. Nur so kann ein natürlich aussehender Wald entstehen, in dem sich durch Selbstaussaat entstandene Bäume mit unterschiedlichem Entwicklungsstand befinden. Der dickste und höchste Baum ist der Hauptbaum des Waldes. An ihm orientiert sich die Gestaltung des ganzen Waldes. Sein Standort ist ein Drittel von einer Schalenseite entfernt und kurz vor der Mittellinie. Der Hauptbaum sollte nie genau in der Mitte stehen. Den zweitgrößten Baum nennt man Nebenbaum. Dieser steht entweder knapp hinter dem Hauptbaum oder bildet mit anderen Nebenbäumen eine Nebengruppe auf der anderen Schalenhälfte. Von oben betrachtet bilden die drei ersten Bäume die Eckpunkte eines ungleichschenkligen Dreiecks.

Die anderen Bäume werden nun um die beiden Hauptbäume herum platziert, wobei einige kleine Bäume in den Hintergrund gesetzt werden. Zwischen den beiden Baumgruppen ist ein kleiner Abstand, sodass ein Waldweg entsteht.

Im Frühjahr treiben die Bäume frisch aus – sie haben, die Gestaltung gut überstanden. Nun wird der Wald langsam an einen sonnigen Standort gewöhnt und in den nächsten Jahren seine Gestaltung weiter verfeinert.

EIN WALD AUS LÄRCHEN-PFLANZEN

1. **Für die Waldpflanzung** wurde eine ungerade Anzahl von Lärchen ausgewählt. Die Bäume unterscheiden sich in Stammstärke, Baumhöhe und Verzweigung. Schon seit einigen Jahren wurde bei ihnen eine reiche, fein strukturierte Verzweigung aufgebaut.

2. **Durch ihre reiche Verzweigung** bieten die Bäume optimale Bedingungen für eine gute Einzelgestaltung. Jeder Baum wurde stark beschnitten, wobei schon jetzt seine Stellung in dem späteren Wald berücksichtigt wurde. Die Wurzelballen können im gleichen Verhältnis wie die oberirdischen Teile reduziert werden.

3. **Mit einem dichten Netz** von Fixierungsdrähten werden alle Bäume an befestigt. Die Fixierungsdrähte wurden vorher durch die Wasserabzugslöcher von unten in die Schale eingeführt. Durch je zwei Schalenbodenlöcher wird ein Draht geführt.

4. **Nun wird mit trockener Pflanzerde aufgefüllt** und mit einem an der Spitze abgerundeten Essstäbchen in alle Wurzelzwischenräume gestochert, damit die Wurzeln Kontakt mit den Bodenteilen haben, und gewässert. In den ersten vier Wochen erhält die Pflanzung einen Standort im Halbschatten und wird ständig feucht gehalten.

Pflegekalender für Freiland-Bonsai

Januar

Allgemein Alle Bäume ohne Überwinterungsschutz werden bei Bedarf an frostfreien Tagen gegossen. An klaren, sonnigen Frosttagen dürfen die Bäume nicht in der prallen Sonne stehen, da es sonst zu Rissen in der Rinde kommt. Darauf achten, dass die Temperaturen nicht über +10 °C ansteigen.

Februar

Umtopfen Gesunde, winterharte Bäume mit weißen Wurzelspitzen können umgetopft werden. Danach vor Frost schützen.
Gießen Umgetopfte Bäume ständig feucht, aber nicht zu nass halten.
Schneiden Dickere Äste und abgestorbene Triebe können entfernt werden. Wundversorgung beachten!
Drahten Sobald die Äste biegsamer werden, können sie eingedrahtet werden. Aber auf keinen Fall bei Frost drahten.

März

Umtopfen Jetzt können noch die Bäume umgetopft werden, deren Knospen gerade anzuschwellen beginnen.

Schneiden Tote Triebe werden herausgeschnitten. Lebende Triebe auf Knospen mit der erwünschten Wuchsrichtung zurückschneiden.
Allgemein Auf Schädlingsbefall kontrollieren und bei Bedarf einen Fachmann aufsuchen.

April

Allgemein Bereits ausgetriebene Bäume müssen vor Nachtfrösten geschützt werden.
Umtopfen Fichten und Wacholder können noch umgetopft werden.
Schneiden Laubbäume werden in Form geschnitten. Nadelbäume jetzt nicht mehr stark beschneiden: Warten, bis die Kerzen sich strecken, dann Formerhaltungsarbeiten.
Drahten Nadelbäume werden noch gedrahtet, Laubbäume nicht mehr.

Mai

Gießen Ab jetzt täglich die Bodenfeuchte überprüfen.
Düngen Alle ausgetriebenen Bäume können jetzt gedüngt werden, frisch umgetopfte Bonsai werden noch nicht gedüngt.
Schneiden Bei vielen Laubbäumen kann der erste Rückschnitt erforderlich sein. Bei Kiefern jetzt schon die ersten Kerzen kürzen.

Juni

Gießen Bei Bedarf täglich gießen.

Düngen Ist jetzt besonders wichtig, da der Nährsalzbedarf im Hochsommer sehr hoch ist.

Schneiden Spätestens jetzt müssen Kiefernkerzen entsprechend beschnitten werden.

Blattschnitt Bei gesunden Laubbäumen mit ausgehärtetem Laub kann ein Blattschnitt durchgeführt werden.

Juli

Gießen Bei hohen Temperaturen eventuell mehrfach am Tag gießen.

Düngen Weiterhin gut düngen.

Schneiden Stark wachsende Laubbäume werden regelmäßig zurückgeschnitten.

Drahten Kontrolle! Es muss teilweise jetzt bereits entdrahtet werden, da das Dickenwachstum von Stamm und Ästen in dieser Phase des Jahres sehr stark zunimmt und der Draht einzudrücken beginnt.

August

Gießen Der Wasserbedarf ist weiterhin hoch, und es sollte vielfach mehrmals täglich gegossen werden.

Düngen Bei allen blühenden und fruchtenden Arten mit einem Kali-Phosphor-Dünger düngen.

Schneiden Keine größeren Schnittmaßnahmen mehr durchführen, da sonst die Bäume noch einmal stark austreiben.

Drahten Jeden Tag sollten Sie nun eingedrahtete Bäume kontrollieren. Sobald der Draht in die Rinde einzuschneiden beginnt, sollte entdrahtet werden. Bis zum Frühjahr werden keine Bäume neu eingedrahtet.

September

Allgemein Die Bäume bereiten sich langsam auf den Winter vor. Es sollten keine starken Schnittmaßnahmen mehr durchgeführt werden, da das Wachstum erneut angeregt und dadurch die Vorbereitung auf die Winterruhe gestört werden kann. Die fruchtenden Arten haben nun reifende Früchte.

Gießen Der Wasserbedarf der Bäume wird geringer.

Düngen In der ersten Septemberwoche erhalten alle Bäume für eine bessere Frostaushärtung noch einmal Kugeldünger.

Oktober

Allgemein Nur an Buchen, Hainbuchen und Eichen verbleiben die braunen Blätter am Baum. Alle braunen Blätter/Nadeln an anderen Baumarten werden sorgfältig entfernt, da sie Brutstätten für Schädlinge sind. Das eventuell vorgesehene Überwinterungsquartier vorbereiten.

Düngen Bis zum nächsten Frühjahr wird nicht mehr gedüngt (Ausnahme: Zimmerbonsai).

November & Dezember

Allgemein Falls erforderlich, befinden sich die Bäume im Winterquartier. Temperaturen bis –5 °C schaden den Freiland-Bonsai nicht. Erst wenn an mehreren Tagen nacheinander die Bäume eingefroren bleiben, droht Frosttrocknis: Die oberirdischen Pflanzenteile verdampfen weiterhin Wasser, welches von den eingefrorenen Wurzeln nicht nachgeliefert werden kann. Auf keinen Fall dürfen die Bäume aus der Winterruhe in einen geheizten Wohnraum gebracht werden.

Porträts

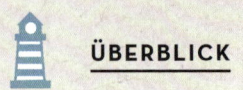

Pflanzengruppen

S. 54

Kleine Blütenwunder

Bonsai aus blühenden und fruchtenden Baumarten bieten zu jeder Jahreszeit neue Attraktionen.

Im Frühjahr sind sicherlich die verschiedenen Azaleensorten die Hingucker unter den Bonsai. Ihre Vielfalt an Blütenfarben und -formen ist schier unüberblickbar. Schön sind auch die Apfel-Bonsai. Hier nimmt man für die Bonsai-Gestaltung nur Arten, die von Natur aus kleine Früchte hervorbringen. Die typischen Kultur-Sorten fallen daher für die Bonsai-Gestaltung aus. Die Quitte hingegen wird, trotz der großen Früchte, wegen ihrer interessanten Baumform gestaltet. Hier lässt man nur wenige Früchte heranreifen.

Die Top 5 der beliebtesten Bonsai-Arten

— Mädchen-Kiefer (*Pinus parvifolia*)

— Japanische Ulme (*Zelkova serrata*)

— Chinesischer Wacholder (*Juniperus chinensis*)

— Azalee (*Rhododendron indicum*)

— Kerb-Buche (*Fagus crenata*)

S. 60

Laubgehölze

Für die Auswahl von Laubbäumen zur Bonsai-Gestaltung gilt: Entweder sind die Blätter von Natur aus klein oder sie lassen sich im Laufe der Zeit durch gärtnerische Maßnahmen verkleinern. Eine der gärtnerischen Maßnahmen ist der Blattschnitt. Hierbei werden im Frühsommer die großen Blätter bis auf den Blattstiel abgeschnitten. Die nächste Blattgarnitur ist dann meist kleiner als die vorherigen Blätter. Diese Methode wendet man aber nur bei absolut gesunden Bäumen und auch nicht in jedem Jahr an. Nährstoffarme Erde und der richtige Dünger begrenzen die Blattgröße ebenfalls.

S. 68

Nadelige Miniaturbäume

Nadelgehölze, wie die verschiedenen Kiefern, stellen in der Bonsai-Gestaltung das männliche Prinzip dar. Im Frühjahr kontrastiert der lindgrüne Austrieb mit dem dunklen Grün der vorjährigen Nadeln. Wegen ihrer vielfältigen Gestaltungsmöglichkeiten sticht hier die Mädchen-Kiefer sicherlich hervor. Aber auch Wacholder bietet ein breites Spektrum an.

Bezaubernde Blüten-gehölze

Zierquitten

Chaenomeles-Arten

Beschreibung Die Zierquitten sind sommer-grüne Sträucher mit meist dornigen Zweigen. Die Blätter sind wechselständig angeordnet und recht klein. Blüten erscheinen nur am vorjährigen Holz. Beim Schnitt muss man also darauf achten, dass immer ein Teil der vorjährigen Triebe erhalten bleibt.

Arten *Chaenomeles japonica,* die Japanische Zierquitte, hat ziegelrote Blüten, die zu zweit bis viert beisammen stehen. Die Früchte sind gelblichgrün, rundlich, vier bis fünf Zentimeter dick und stark aromatisch. *Chaenomeles speciosa,* die Chinesische Zierquitte, hat scharlachrote Blüten, aus denen sich vier bis sechs Zentimeter lange und gelbgrüne, duftende Früchte entwickeln.

Standort Vollsonnig im Sommer, im Winter ab −5 °C geschützt aufstellen.

Gießen Der Boden sollte immer gleichmäßig feucht gehalten werden, wobei Staunässe zu vermeiden ist.

Düngen Vom Austrieb bis zum Herbst alle zwei Wochen düngen, während der Blüte und nach der Fruchtreife nicht. Wichtig ist die Abschlussdüngung Anfang September.

Umtopfen Alle zwei bis drei Jahre im Spätherbst oder zeitigen Frühjahr mit einem Wurzelschnitt in Akadama setzen.

Formgebung Man lässt die jungen Triebe bis Ende Mai wachsen und zupft dann die Spitze ab. Nachdem die Rinde sich in Braun verfärbt hat, wird auf zwei bis drei Blätter zurückgeschnitten. Nach dem Laubfall bis zu einer rundlichen Blütenknospe zurückschneiden. Danach wird nicht mehr geschnitten. Erst nach der Blüte im nächsten Jahr werden die Bonsai in Form gebracht.

Drahten Wegen der Bruchgefahr werden nur solche Triebe gedrahtet, die gerade auszuhärten beginnen.

Quitte

Cydonia oblonga und C. sinensis

Beschreibung Die Quitte wächst als bis zu sechs Meter hoher Strauch oder kleiner Baum. Die Zweige sind dornenlos und in der Jugend weißgraufilzig. Die ältere Rinde schilfert in Platten ab, was der Rinde eine interessante Färbung gibt. Die fünf bis zehn Zentimeter langen Blätter sind rundlich-eiförmig, oberseits tiefgrün, unterseits graufilzig und ganzrandig. Schön ist auch die gelbe Herbstfärbung. Die weißen Blüten haben zartrosa Adern und erscheinen nach den Blättern an der Spitze der vorjährigen Triebe in den Monaten Mai und Juni. Die Frucht ist apfel- oder birnenförmig, gelb und aromatisch duftend. Da die Früchte mit sechs bis zehn Zentimetern recht groß sind, sollten an einem Bonsai höchstens zwei bis drei Früchte zur Reife gelangen. Alle anderen Fruchtansätze werden frühzeitig entfernt, da ein überreicher Fruchtansatz den Baum viel Kraft kostet und die Gestaltungsmöglichkeiten dadurch verringert werden.

Standort Vollsonnig im Sommer. Im Winter ab −5 °C geschützt aufstellen.

Gießen Der Boden sollte immer gleichmäßig feucht gehalten werden, wobei Staunässe unbedingt zu vermeiden ist. Denn bei Staunässe werden Blätter und Fruchtansätze recht schnell abgeworfen und der Baum wird zumindest stark geschädigt.

Düngen Vom Austrieb bis zum Herbst alle zwei Wochen düngen, während der Blüte und nach der Fruchtreife ist jedoch keine Düngung vorzunehmen. Wichtig ist die Abschlussdüngung Anfang September.

Umtopfen Alle zwei bis drei Jahre im Spätherbst oder im zeitigen Frühjahr mit einem Wurzelschnitt in Akadama umtopfen.

Formgebung Bei der Quitte werden bis zum Frühsommer die jungen Triebe bei fünf bis sechs Blättern auf zwei bis drei Blätter zurückgeschnitten. Danach wird, mit Rücksicht auf den Blüten- und Fruchtansatz, nicht mehr geschnitten. Blüten werden im nächsten Jahr an der Spitze der diesjährigen Triebe entstehen. Alle neuen Triebe können daher im nächsten Jahr Blüten tragen. Erst nach der Blüte im nächsten Jahr werden die Bonsai in Form gebracht.

Drahten Das Holz der Quitte wird recht hart und könnte bei stärkeren Biegeversuchen schnell brechen. Wegen der Bruchgefahr werden nur solche Triebe gedrahtet, die gerade auszuhärten beginnen. Müssen stärkere Triebe dennoch korrigiert werden, kann die Drahtung alle paar Wochen ein wenig weiter gebogen werden, bis die endgültige Stellung erreicht ist. Die Farbe der Borke wechselt dann gerade von grünlich nach bräunlich.

Zier-Äpfel

Malus-Arten

Beschreibung Für die Bonsai-Gestaltung eignen sich ausschließlich kleinfrüchtige *Malus*-Arten. Man kann zwar die Größe des Baumes und seiner Blätter beeinflussen, nicht aber die Größe der Früchte. Die Früchte erreichen immer die Größe, wie sie für die jeweilige Art oder Sorte typisch ist.

Arten Der Vielblütige Apfelbaum *(M. floribunda)* hat überaus zahlreiche Blüten von bis zu drei Zentimetern Breite. Bei Halls-Apfel *(M. halliana)* sind die Blütenblätter vor dem Öffnen dunkelrot und blühen dann im Mai dunkelrosa auf. Der Toringo-Apfel *(M. sieboldii)* hat viele zwei Zentimeter große Blüten im Mai, die zunächst hellrosa sind, dann weiß werden. Der Beerentragende Apfelbaum *(M. baccata)* ist ein Großstrauch mit fünf Metern Höhe. Seine jungen Zweige sind purpurbraun, kahl und dünn. Die etwa drei Zentimeter großen, reinweißen Blüten bilden drei- bis achtblütige Doldentrauben und erscheinen im April und Mai.

Standort Im Sommer einen hellen bis vollsonnigen, im Winter einen frostgeschützten Standort wählen.

Gießen Auf Trockenheit und Staunässe reagieren die Apfelbäume mit Blüten- und Fruchtabwurf. Entsprechend sollten die Bonsai immer gut feucht gehalten, aber vor Staunässe geschützt werden.

Düngen Nach der Blüte bis Anfang August alle drei bis vier Wochen düngen. Eine kali- und phosphorbetonte Düngung im September sichert eine gute Frostaushärtung und einen reichen Blütenansatz im nächsten Jahr.

Umtopfen Alle zwei bis drei Jahre nach der Blüte oder im Spätherbst mit einem mäßigen

Wurzelschnitt in eine Mischung aus Akadama und Humus im Verhältnis 2:1 umtopfen.

Formgebung Der erste Schnitt erfolgt nach der Blüte. Alle Triebe werden auf zwei bis drei Blattansätze oder auf die Fruchtansätze zurückgeschnitten. Die folgenden Triebe lässt man bis Mitte Juni ungehindert wachsen und zupft (pinziert) dann die Triebspitzen ab. Nun können in den Blattachseln die Blütenknospen gebildet werden. Ein unerwünschter Folgeaustrieb wird recht früh ausgezupft, da sonst die Bildung der Blütenknospen beeinträchtigt wird. Blütenknospen sind rundlicher, während reine Blattknospen spitzer zulaufend sind.

Drahten Beginnen die Triebe auszuhärten, werden sie fast waagerecht gedrahtet und auf die gewünschte Länge zurückgeschnitten. Der Draht wird nach einem halben Jahr entfernt.

Japanische Aprikose

Prunus mume

Beschreibung Unter der Gattung *Prunus* sind etwa 430 Arten und unzählige Zuchtformen aus der Familie der Rosengewächse zusammengefasst, z. B. Pflaumen, Kirschen, Pfirsiche und Mandeln. Die Japanische Aprikose (*Prunus mume*) ist ein breitkroniger Baum von bis zu zehn Metern Höhe. Die Rinde ist rötlichbraun und glänzend. Noch vor den Blättern erscheinen im April die weißen bis dunkelrosa Blüten. Meist sitzen die Blüten zu zweit beisammen und duften vor allem abends stark. Die reifen Früchte sind bis zu drei Zentimeter dick, gelb bis bräunlichrot und nicht essbar.

Weitere Arten Sehr häufig wird auch die Berg-Blütenkirsche (*Prunus serrulata* var. *spontanea*) in der Bonsai-Gestaltung verwendet. Sie wird zwölf bis 14 Meter hoch und hat häufig stark abstehende Äste. Die Rinde von Stamm und Ästen zeigt eine schöne bräunliche Färbung. Junge Triebe haben einen dunkelkupferroten Austrieb, der sich später grünlich verfärbt. Gemeinsam mit den Blättern erscheinen die weißen oder rosa Blüten, die meist zu dritt beisammenstehen. Aus ihnen entwickeln sich hübsche, sieben Millimeter dicke, fast kugelige, dunkelrote Früchte.

Standort In der Wachstumszeit vollsonnig aufstellen. Ab −5 °C den Wurzelballen gegen Durchfrieren schützen.

Gießen Während der Blütezeit den Wurzelballen gut feucht, ansonsten gleichmäßig feucht halten, Staunässe vermeiden.

Düngen Nach der Blüte bis Ende August alle zwei Wochen mit einem Flüssigdünger versorgen. Im September sorgt eine Kali-Phosphorbetonte Düngung für bessere Blütenbildung.

Umtopfen Alle zwei bis drei Jahre nach der Blüte mit einem mäßigen Wurzelschnitt in Akadama-Erde umtopfen.

Formgebung Nach der Blüte in Form scheiden. Jeden Trieb schneidet man auf ein bis zwei Triebknospen zurück. Neue Triebe lässt man zunächst wachsen. Sobald sie einen Wachstumsstillstand zeigen, werden vom Triebansatz gesehen die ersten drei Blätter abgezupft. Sobald sich die Blütenknospen bilden, schneidet man den Trieb auf drei Blätter zurück. Senkrecht wachsende Triebe sollten Sie sofort entfernen.

Drahten Der Draht wird mit Kreppklebeband umwickelt, damit er die Rinde nicht so leicht beschädigt. Gedrahtet werden Triebe, die auszuhärten beginnen.

Feuerdorn

Pyracantha-Arten

Beschreibung Feuerdorne sind immergrüne, dornige Sträucher mit wechselständigen Blättern und mehreren weißen Blüten in einem Blütenstand.

Arten *Pyracantha angustifolia* (Foto) ist ein bis zu vier Meter hoher Strauch mit sparrigem Wuchs. Die jungen Triebe sind braungelb und filzig. Die anderthalb bis fünf Zentimeter langen Blätter sind oberseits glänzend grün, unterseits graufilzig behaart. Aus den im Mai/Juni erscheinenden weißen Blüten entwickeln sich orangerote, erbsengroße Früchte, die bis zum Frühjahr an der Pflanze bleiben. Da *P. angustifolia* in unseren Breiten nicht winterhart ist, stellt der Europäische Feuerdorn *(P. coccinea)* wegen seiner Frosthärte eine gute Alternative dar. Für den Bonsai-Freund interessant sind die Sorten 'Kasan' mit leuchtend orangeroten Beeren und 'Fructo Luteo' mit anfangs leuchtend gelben, später goldgelben Beeren. Da die Beeren bei Vögeln als Futter sehr beliebt sind, sollte man die Pflanzen gut sichern. Schnell wird sonst ein Bonsai durch eine Amsel von seinem Bord gestoßen.

Standort Vom Frühjahr bis zum Herbst vollsonnig. Wegen der geringen Winterhärte muss bei *P. angustifolia* für eine frostfreie, helle Überwinterung bei bis +8 °C gesorgt werden. Die robustere *P. coccinea* verträgt hingegen auch stärkere Fröste.

Gießen Das ganze Jahr über gleichmäßig feucht halten.

Düngen Nach der Blüte bis Ende August alle zwei Wochen mit einem Flüssigdünger versorgen. Mitte September sorgt eine Kali-Phosphorbetonte Düngung für bessere Blütenbildung.

Umtopfen Alle zwei bis drei Jahre nach der Blüte in Akadama-Erde mit mäßigem Wurzelschnitt umtopfen.

Formerhaltung Nach der Blüte die Form vollständig überarbeiten. Längere Triebe werden zurückgeschnitten. Schonen Sie vor allem die Kurztriebe, wenn Sie sich im nächsten Frühjahr an den Blüten erfreuen wollen. Man sollte von den kraftzehrenden Fruchtansätzen nicht zu viele am Baum belassen. Entsprechend werden nach der Blüten, je nach Größe des Bonsai, mehr oder weniger viele beerentragende Triebe eingekürzt.

Drahten Wegen des von Natur aus sparrigen Wuchses des Feuerdorns kommt man meist ohne Drahten nicht aus. Gedrahtet wird nach der Blüte. Der Draht muss manchmal schon nach einem halben Jahr wieder entfernt werden. Alternativ kann man auch mit Spanndrähten eine entsprechende Formkorrektur durchführen.

Satsuki-Azaleen

Rhododendron indicum

Beschreibung Die Satsuki-Azaleen *(Rhodo-dendron indicum)* werden in Japan sehr häufig zu Bonsai gestaltet. Man kann sagen, dass die vielen Zuchtformen der Satsuki-Azalee geradezu zum Inbegriff für Azaleen-Bonsai geworden sind. Die Blätter sind bis zu drei Zentimeter lang, oval mit einer Spitze und beiderseits borstig behaart. Die breit trichterförmigen Blüten stehen allein oder zu zweit zusammen und erscheinen im Mai/Juni. Die Blütenfarben reichen je nach Zuchtform von Scharlachrot über Hochrot bis hin zu Rosa. Es gibt sogar Zuchtformen mit zweifarbigen Blüten.

Weitere Arten Gut geeignet ist auch die Berg-Azalee *(R. kaempferi)*. Sie ist je nach Klima sommergrün oder immergrün. Entsprechend wirft sie in kälteren Gegenden im Herbst ihr Laub ab. Die immergrüne Stumpfblatt-Azalee *(R. obtusum)* erfreut sich in Japan ebenfalls großer Beliebtheit. Die Sommerblätter sind deutlich kleiner und schmaler als die Frühjahrsblätter und verbleiben den Winter über an der Azalee. Die einzeln oder in Gruppen zu dritt stehenden Blüten erscheinen im Mai und sind tiefrot oder karminrot. Bei beiden Arten gibt es aber auch mehrfarbige Sorten.

Standort Im Sommer vollsonnig bis halbschattig. Im Winter ist ein frostfreier Standort bis maximal +8 °C anzuraten.

Gießen Die Erde sollte vor allem in der Blütezeit nie ganz trocken werden. Grundsätzlich die Erde vor jedem Gießen aber leicht antrocknen lassen!

Düngen Nach der Blüte bis Anfang August alle drei bis fünf Wochen mit Azaleendünger versorgen. Anfang September noch einmal für die Winteraushärtung gut düngen.

Umtopfen Alle zwei bis drei Jahre nach der Blüte mit einem Wurzelschnitt in spezielle Bonsai-Azaleen-Erde setzen.

Formerhaltung Nach der Blüte sollten Sie zunächst alle verwelkten Blütenstände und vor allem alle entstandenen Fruchtansätze mit den Fingern abzupfen. Bei gleichzeitigem Formschnitt werden alle überlangen Triebe wieder in Form geschnitten, die Astetagen ausgedünnt und die Nebentriebe auf den Astetagen stark eingekürzt. Von den Gruppen an Trieben, die am Grund eines ehemaligen Blütenansatzes wachsen, lässt man nur zwei übrig.

Drahten Die Drahtung der Triebe sollte vorgenommen werden, sobald die neuen Triebe auszuhärten beginnen. Bei dickeren Ästen ist beim Drahten Vorsicht geboten, da sie leicht an ihrer Ansatzstelle abknicken. Besser hier über mehrere Jahre verteilt biegen.

Laubgehölze mit Blattschmuck

Dreispitz-Ahorn

Acer buergerianum

Beschreibung In den Bergwäldern Japans und Ostchinas wird der Dreispitz-Ahorn ein hoher Baum mit kegelförmiger Krone. Die Farbe der Borke ist zunächst grau, verfärbt sich aber nach einigen Jahren scheckig in viele Grau- und Brauntöne, wenn sie in unregelmäßigen Platten abzublättern beginnt. Der Dreispitz-Ahorn ist für Bonsai-Neulinge gut geeignet, da sich Gestaltungsfehler wegen seiner Wuchsfreudigkeit meist recht schnell wieder ausgleichen.

Standort Im Sommer halbschattig bis vollsonnig stellen, im Winter ab –5 °C den Wurzelballen gegen Durchfrieren und die oberirdischen Teile gegen trockenkalte Winde schützen.

Gießen Gleichmäßig feucht halten und nie ganz trocken werden lassen.

Düngen Gedüngt wird alle vier Wochen vom Frühjahr bis zur Herbstfärbung mit einem Kugeldünger.

Umtopfen Alle zwei bis drei Jahre mit einem Wurzelschnitt im zeitigen Frühjahr in eine Mischung aus Akadama und Humus im Verhältnis 2:1 umtopfen.

Formgebung Die neuen Triebe lässt man auf sechs bis acht Blattpaare heranwachsen und schneidet dann auf zwei Blattpaare zurück, wobei die Blattflächen des letzten stehengelassenen Blattpaares ebenfalls entfernt werden. Auch an großen Blättern werden während der ganzen Wachstumszeit die Blattflächen entfernt, die Blattstiele aber stehengelassen. Hier entsteht ein neuer Austrieb, diesmal aber mit kleineren Blättern. Die Überarbeitung der Form erfolgt im zeitigen Frühjahr, bevor sich die Knospen regen.

Drahten Eventuell erforderliches Drahten führt man im späteren Frühjahr aus, wenn die Äste und Zweige wieder elastischer geworden sind, oder nach einem vollständigen Blattschnitt etwa Mitte Mai. Der Draht muss meist bereits nach einem halben Jahr wieder entfernt werden.

Fächer-Ahorn

Acer palmatum

Beschreibung In Japan und Korea wächst der Fächer-Ahorn zu einem großen Strauch bis mittelgroßen Baum heran. Er und seine etwa 500 Sorten gehören zu den schönsten Laub-Bonsai. Die Blätter sind bis tief unter die Mitte in fünf bis elf zugespitzte Lappen gespalten. Je nach Sorte sind die Blätter im Austrieb lindgrün bis bronzefarben. Die Herbstfärbung reicht von Gelb bis Scharlachrot, wobei die Intensität der Färbung stark von der Sonnenbestrahlung im Sommer abhängt. Die Rindenstruktur reicht von glatt bis tiefrissig. Die Rindenfärbung variiert von Graubraun bis Grünlich mit schlangenhautartigem Muster.

Standort Halbschatten bis volle Sonne. Im Winter frostfrei aufstellen, aber nicht wärmer als +8 °C.

Gießen Gut feucht halten, aber Staunässe vermeiden. Die Erde sollte nie ganz austrocknen.

Düngen Nach dem Austrieb bis zum Beginn der Herbstfärbung alle vier Wochen mit Kugeldünger versorgen.

Umtopfen Alle zwei bis drei Jahre mit einem Wurzelschnitt im zeitigen Frühjahr in eine Mischung aus Akadama und Humus im Verhältnis 2:1 umtopfen.

Formgebung Man lässt die Triebe auf sieben bis acht Blattpaare wachsen und schneidet dann auf ein bis zwei Blattpaare zurück. Sind die Abstände zwischen den Blättern zu groß, wird der Trieb vollständig entfernt. Aus schlafenden Augen treibt der Baum mit kürzeren Blattabständen und kleineren Blättern neu aus. Bei ausgereiften Bonsai wird nur noch die erreichte Form erhalten. Sobald sich die Knospen öffnen, werden zwischen den ersten beiden Blättern die jungen Triebspitzen mit einer Pinzette oder den Fingern herausgezupft. Die Blattabstände bleiben kurz und die Blätter klein. Alle vier bis fünf Jahre sollte der fertige Bonsai vor dem Anschwellen der Knospen ausgedünnt werden, um Licht und Luft in den Baum zu lassen. Dabei können Sie auch die Form störende dickere Äste ohne Gefahr für den Baum entfernen. Sind die Blätter zu groß, bietet sich ein Blattschnitt an. Einen vollständigen Blattschnitt kann man an gesunden Bäumen im Frühsommer vornehmen, wenn die Blätter ausgehärtet sind. Ich rate dazu, nicht jedes Jahr einen Blattschnitt durchzuführen, da jeder vollständige Blattschnitt den Bonsai schwächt.

Drahten Entweder im zeitigen Frühjahr, wenn die Äste wieder elastischer werden, oder nach einem Blattschnitt im Sommer können Sie drahten. Im Frühjahr erkennt man den richtigen Zeitpunkt an dem leichten Anschwellen der Knospen. Der Draht muss bereits nach sechs bis zwölf Monaten wieder entfernt werden, da er sonst einzuwachsen beginnt.

Fukien-Tee

Carmona microphylla

Beschreibung Bei den Freunden von Zimmer-Bonsai erfreut sich dieser immergrüne kleine Laubbaum großer Beliebtheit. Seine kleinen dunkelgrünen Blätter haben auf der Blattoberseite weiße Härchen. Die zierlichen weißen Blüten erscheinen das ganze Jahr über. Aus befruchteten Blüten entwickeln sich zunächst grüne, später rote Beeren. Die Rinde am Stamm und an dickeren Ästen ist graubraun und feinrissig, an dünneren Zweigen hingegen glatt und grau. Da die neuen Triebe immer ganz gerade wachsen, bekommt der kleine Baum ein sparriges Aussehen. Schneidet man die aufeinanderfolgenden Triebe, so ergibt sich bald ein recht unnatürliches

Zickzackmuster. Für eine harmonischere Form kommt man nicht umhin, die Triebe zu drahten.

Standort Der Fukien-Tee liebt einen hellen Standort, aber nicht in der prallen Sonne. Ein leichtes Schattieren, vor allem während der Mittagshitze, ist zu empfehlen. Im Hochsommer wachsen die Pflanzen an einem Standort im Freien besser und ihre Laubfärbung wird intensiver grün. Ein halbschattiger Standort auf einem Balkon oder einer Terrasse ist ideal.

Gießen Die Erde sollte immer gleichmäßig feucht gehalten werden, wobei Staunässe zu vermeiden ist. Der Fukien-Tee übersteht zwar kürzere Trockenperioden, wirft aber dabei einen Teil seiner Blätter ab.

Düngen Vom Frühjahr bis zum Herbst alle zwei Wochen, im Winter alle vier Wochen mit Flüssigdünger versorgen.

Umtopfen Alle zwei Jahre im zeitigen Frühjahr mit einem normalen Wurzelschnitt in eine Mischung aus Akadama und Humus im Verhältnis 2:1 umsetzen.

Formgebung Die Gestaltung des Fukien-Tees ist nicht ganz einfach und nicht nur durch Schnitt zu erreichen. Bei kurzen Blattzwischenräumen lässt man die neuen Triebe auf sechs bis acht Blätter wachsen und schneidet dann auf zwei bis drei Blätter zurück. Bei weiten Blattabständen entfernt man den Trieb entweder ganz oder schneidet ihn auf ein Blatt zurück. Werden dickere Äste oder Zweige entfernt, behandelt man die Wunde mit einem Wundverschlussmittel.

Drahten Will man das sparrige Aussehen vermeiden, kommt man um das Drahten nicht herum. Da verholzte Triebe beim Biegen leicht brechen, drahtet man die Triebe, wenn die neuen Triebe gerade beginnen, ihre grünliche Färbung zu verlieren.

Japanische Hainbuche

Carpinus japonica

Beschreibung Die Familie der Hainbuchen ist mit etwa 35 Arten auf der gesamten Nordhalbkugel der Erde weit verbreitet. Die Hainbuchen sind mit den Birken und nicht, wie man meinen könnte, mit den „echten" Buchen verwandt. Die kleinen Bäume oder größeren Sträucher haben meist einen gedrehten Stamm mit hervorstehenden Rippen und sehr hartes Holz. Die Blattränder der Hainbuchen weisen Zacken auf. Alle Hainbuchen sind gut schnittverträglich, was auch ihre Verwendung als Heckenpflanzen im Garten zeigt. Die Japanische Hainbuche hat eine schön gemusterte, hell graubraune, rissige Rinde und

schilfert in großen Stücken ab. Die Blätter sind recht klein, ungleich gesägt, beiderseits weich behaart, im Austrieb rötlich und mit gelber Herbstfärbung.

Weitere Arten Die Herzblättrige Hainbuche (*C. cordata*) hat im Austrieb fein behaarte Triebe, die aber bald kahl und bräunlich werden. Die Seidenhaar-Hainbuche (*C. tschonoskii*) hat schöne, vier bis neun Zentimeter lange, anfangs behaarte Blätter. Die Haare sind später nur noch auf den Blattnerven vorhanden. Die jungen Triebe und Blattstiele der Felsen-Hainbuche (*C. turczaninowii*) tragen feine filzige Härchen. Die drei bis fünf Zentimeter langen Blätter sind rund bis fast eiförmig, in eine Spitze auslaufend und regelmäßig fein doppelt gesägt.

Gießen Da die Wurzeln sowohl auf Trockenheit als auch auf Staunässe empfindlich reagieren, sollte der Boden gleichmäßig recht feucht gehalten werden.

Düngen Nach dem Austrieb mit einem zweiwöchigen Düngerhythmus bis Mitte September beginnen.

Umtopfen Alle zwei bis drei Jahre mit einem Wurzelschnitt in eine Mischung aus Akadama und Humus im Verhältnis 3:1 umtopfen, wenn im Frühjahr die Knospen schwellen.

Formerhaltung Vor dem Austrieb können Sie die Form störende Äste und Zweige entfernen und einen Rückschnitt durchführen. Neue Triebe lässt man wachsen, bis sie auszuhärten beginnen – dann auf zwei bis drei Blätter zurückschneiden. Ab Mitte August sollte nicht mehr geschnitten werden.

Drahten Ältere Baumteile werden bei Bedarf im Frühjahr, kurz vor dem Austrieb, gedrahtet. Diesjährige Triebe kann man bereits im halbverholzten Zustand drahten, am besten zugleich mit dem erforderlichen Rückschnitt.

Buchen

Fagus-Arten

Beschreibung Bei Buchen handelt es sich um sommergrüne, hohe Bäume mit glatter grauer bis weißlicher Rinde. Die Knospen sind mehr oder weniger schlank und laufen spitz zu. Das braune Herbstlaub bleibt häufig den ganzen Winter über am Baum und wird erst im Frühjahr beim Austrieb abgeworfen.

Arten Die japanische Kerb-Buche (*F. crenata*) zeigt bereits in der Jugend eine silbergraue Rinde. Die Blätter sind fünf bis acht Zentimeter lang, eiförmig und unter der Mitte am breitesten. Die europäische Rot-Buche (*F. sylvatica,* Foto) hat eine graue Rinde, die mit dem Alter heller wird. Die Blätter sind eiförmig-elliptisch, fünf bis zehn Zentimeter lang, frischgrün, unterseits hellgrün.

Standort Hell, nicht in der prallen Sonne. Im Winter zwischen −5 und +5 °C halten.

Gießen Das ganze Jahr über gleichmäßig feucht halten. In der Sonne nicht von oben überbrausen.

Düngen Nach dem Austrieb mit einem vierwöchigen Düngerhythmus bis Anfang August beginnen. Anfang September erfolgt dann die Abschlussdüngung.

Umtopfen Alle zwei bis drei Jahre mit einem Wurzelschnitt im zeitigen Frühjahr umtopfen.

Formgebung Das Gestaltungsziel bei Buchen-Bonsai ist eine feine Verzweigung mit nur kurzen Blattabständen. Hierzu werden die Triebe schon zu einem sehr frühen Zeitpunkt eingekürzt. In einer Knospe befindet sich bereits der gesamte Trieb mit allen daran befindlichen Blättern, die eng zusammengedrängt sind. Beim Austrieb strecken sich die Zellen, wodurch sich der Zweig verlängert und die Blätter sich entfalten. Zupft man die Triebe zu Beginn des Streckungswachstums zurück, bleiben die Blattabstände geringer, als wenn man sie ungehindert wachsen ließe. Wenn sich die Knospen gerade öffnen, greift man mit den Fingerspitzen die noch nicht gestreckte Triebspitze und zupft sie ab, sodass nur zwei bis drei Blätter an dem Trieb verbleiben. Hat der Baum im Frühjahr seine vorjährigen Blätter abgeworfen, wird seine Form überarbeitet. Beim Schnitt von Ästen oder Zweigen sollte man darauf achten, dass über der Knospe, auf die man zurückschneidet, ein etwa ein Zentimeter langes Zweigstück stehen bleibt.

Drahten Im Frühjahr können Sie bei Bedarf drahten. Junge Triebe werden eingedrahtet, wenn sie beginnen, eine braune Rindenfärbung zu bekommen. Alle eingedrahteten Baumteile sollten im Spätsommer gut beobachtet werden, damit der Draht nicht einwächst.

Tropische Feigen

Ficus-Arten

Beschreibung Die als Zimmer-Bonsai geeigneten Feigen kommen ausnahmslos aus den Tropen. Von den tropischen Feigen sind etwa 800 Arten bekannt. Ein Charakteristikum aller Feigen sind die milchsaftführenden Leitungsbahnen in allen Pflanzenteilen, die ihnen die deutsche Bezeichnung Gummibaum einbrachte. Typisch für tropische Feigen sind auch bis zum Boden reichende Luftwurzeln.

Arten Die Birken-Feige *(F. benjamina)* wird in ihrer Heimat ein großer und sehr breitkroniger Baum. Die Zweige laden weit aus und sind überhängend. Die Rinde ist ziemlich glatt. Die Blätter werden fünf bis zehn Zentimeter lang, sind dünn, lederartig, elliptisch, werden gegen die Basis breiter und laufen in eine gebogene Spitze aus. *F. microcarpa* (syn. *F. retusa,* Foto) bildet ebenfalls einen dicken Stamm aus. Größere Bonsai haben häufig eng dem Stamm anliegende Luftwurzeln, die dem Stamm eine imposante Knorrigkeit verleihen. Die elliptischen bis eiförmigen Blätter sind ledrig und etwas fleischiger als bei den anderen Arten und laufen am Ende in eine kurze Spitze aus. Die Buchsbaum-Feige *(F. buxifolia)* wird in ihrer Heimat ein kleiner Baum oder großer Strauch. Die an der Spitze stumpf-runden Blätter sind verkehrt eiförmig.

Standort Ganzjährig an einem hellen Süd-, Ost- oder Westfenster, aber nicht weiter als einen Meter von der Fensterscheibe entfernt. Tropische Feigen sollten bei starker Sonneneinstrahlung schattiert werden. Im Sommer bevorzugen sie Standorte im Freien, im Winter sollten sie bei Zimmertemperaturen zwischen 15 und 25 °C gehalten werden.

Gießen Vor dem nächsten Gießen sollte die Erde leicht antrocknen. Auf zimmerwarmes Gießwasser achten.

Düngen Von Frühjahr bis Herbst alle zwei Wochen mit einem Flüssigdünger versorgen, im Winter nur alle vier Wochen.

Umtopfen Mit einem mäßigen Wurzelschnitt im zeitigen Frühjahr in eine Mischung aus Akadama und Humus im Verhältnis 2:1 umsetzen.

Formgebung Neue Triebe lässt man auf vier bis fünf Blätter wachsen und schneidet dann auf ein bis zwei Blätter zurück. Dickere Triebe können Sie immer entfernen.

Drahten Verholzte Triebe können das ganze Jahr über gedrahtet werden. Sobald der Draht einwächst, sollte er entfernt werden.

Chinesische Ulme

Ulmus parviflora

Beschreibung In ihrer Heimat China, Korea und Japan wird die Chinesische Ulme ein bis 15 Meter hoher Baum mit breiter, kugeliger Krone. Die Borke bleibt auch bei alten Bäumen glatt, da sie die äußeren Rindenteile regelmäßig in großen, runden Platten abwirft. Die zwei bis drei Zentimeter langen Blätter sind elliptisch bis eiförmig, ziemlich derb ledrig und glänzend grün. Im Herbst bleiben die Blätter sehr lange grün.

Weitere Arten Die natürlich vorkommende Mutation Chinesische Kork-Ulme (*Ulmus parvifolia* var. *suberosa*) hat eine stark tiefrissige Borke. Selbst an sehr jungen Trieben setzt diese Borkenbildung früh ein. Für die Eigengestaltung empfehlenswert ist auch die Englische Ulme *(Ulmus procera)*. Sie hat eine unregelmäßige, dicht geschlossene Krone. Die Borke ist rissig und bildet sich schon an den dicken jungen Trieben aus.

Standort Im Sommer entweder an einem hellen Fenster im Zimmer oder vollsonnig im Freien platzieren. Im Winter entweder in einem kühlen Zimmer bei 6 bis 10 °C oder bei Temperaturen von 18 bis 20 °C halten. Bei warmer Überwinterung verliert der Baum sein Laub häufig nicht.

Gießen Nachdem die Erde leicht angetrocknet ist, wird ausgiebig gewässert. Im Winter mäßig feucht halten.

Düngen Vom Frühjahr bis zum Herbst alle vier Wochen mit einem Flüssigdünger versorgen.

Umtopfen Alle zwei bei drei Jahre vor dem Austrieb mit einem Wurzelschnitt in Akadama-Erde umtopfen.

Formerhaltung Im zeitigen Frühjahr einen Formschnitt durchführen. Alle überlangen oder trockenen Zweige werden dabei eingekürzt oder entfernt. Jetzt können auch dickere Äste bei Bedarf entfernt und gedrahtet werden. Junge Triebe lässt man jeweils auf sechs bis acht Blätter heranwachsen und schneidet dann auf zwei bis drei Blätter zurück. Gestaltet man die Chinesische Ulme in Besenform, werden die Triebe im Spätherbst bei kühler Überwinterung wie bei den Zelkoven zusammengebunden.

Drahten Möchten Sie die Chinesische Ulme in frei aufrechter oder streng aufrechter Form gestalten, werden die Triebe, sobald sie verholzen, gedrahtet und Astetagen aufgebaut. Die Drahtung sollte aufmerksam beobachtet werden. Sobald der Draht einzudrücken beginnt, muss er entfernt werden. Das kann manchmal schon nach einem halben Jahr der Fall sein. War die Formkorrektur nicht erfolgreich, ist eventuell noch einmal nachzudrahten.

Japanische Zelkove

Zelkova serrata

Beschreibung Die Japanische Zelkove hat in ihrer natürlichen Wuchsform einen oft kurzen Stamm mit breiter, halbkugelförmiger Krone, die aus vielen aufrecht wachsenden Hauptästen aufgebaut wird. Die dichte Verzweigung füllt die Krone und lässt so die Besenform entstehen. Natürlich lässt sich die Japanische Zelkove auch in anderen aufrechten Grundstilen gestalten. Die Borke ist grau und rotbuchenartig glatt. Der Stamm und die Äste erhalten durch die vielen querverlaufenden Atmungszonen (Lentizellen) eine lebhafte Zeichnung. Bei älteren Exemplaren wird die Borke rissig und blättert ab.

Standort Im Sommer halbschattig bis vollsonnig. Im Winter sollte der Wurzelballen gegen Durchfrieren geschützt werden.

Gießen Der Boden sollte immer gut feucht gehalten werden, wobei Staunässe zu vermeiden ist.

Düngen Nach dem Austrieb bis Anfang August alle zwei Wochen mit einem Flüssigdünger oder alle vier Wochen mit Kugeldünger versorgen.

Umtopfen Alle zwei bis fünf Jahre vor dem Austrieb mit einem Wurzelschnitt in Akadama-Erde umtopfen.

Formerhaltung Im zeitigen Frühjahr lässt sich die Gestaltung mit einem Formschnitt überarbeiten. Alle überlangen Triebe werden kurz zurückgeschnitten, dickere Äste bei Bedarf herausgeschnitten. Den jungen Austrieb lässt man auf sechs bis sieben Blätter heranwachsen und schneidet dann auf zwei bis drei Blätter zurück. Für eine gleichmäßigere und feinere Verzweigung wird gleichzeitig ein Teilblattschnitt durchgeführt. Dazu schneidet man von dem großen Spitzenblatt zwei Drittel der Blattfläche ab und von dem zweiten Blatt ein Drittel der Blattfläche. Das hinterste, kleinste Blatt bleibt unbeschnitten. Nach drei bis vier Wochen treiben aus den Achselknospen neue Triebe aus, mit denen wir gleich verfahren wie mit dem Erstaustrieb. Die vorher beschnittenen Blätter können nun vollständig entfernt werden. Nach dem Laubfall im Spätherbst werden bei Zelkoven in Besenform die Äste und Zweige mit Hilfe von Bast zu einem Reisigbesen zusammengebunden. Im Frühjahr, vor dem Formschnitt und Austrieb, wird der Bast wieder entfernt. Die Krone nimmt durch diese Maßnahme immer wieder die Besenform ein.

Drahten Bei allen anderen Formen werden die Äste im Frühjahr vor dem Austrieb in die beabsichtigte Form gedrahtet. Der Draht wird nach etwa einem Jahr wieder entfernt, bevor er einwächst.

Nadelgehölze:
Bäume mit Charakter

Fächerblattbaum

Ginkgo biloba

Beschreibung Die Blätter sind fächerförmig, ledrig und fünf bis acht Zentimeter breit, mit typischen parallelen und gegabelten Blattnerven. Im Sommer hat der Ginkgo dunkelgrüne Blätter, die nach der gelben Herbstfärbung abgeworfen werden. An Langtrieben sind die Blätter wechselständig und an Kurztrieben in Büscheln angeordnet. Die graue Rinde wird bei älteren Bäumen zunehmend tief gefurcht. Der Ginkgo ist zweihäusig: Es gibt männliche und weibliche Bäume.

Standort Im Sommer in der prallen Sonne. Im Winter benötigt der Wurzelballen einen guten Schutz gegen Durchfrieren ab –5 °C.

Gießen Vom Frühjahr bis zum Herbst die Erde gut feucht halten, Staunässe vermeiden. Nach dem Laubfall mäßig feucht halten.

Düngen Nach dem Austrieb bis zum Beginn der Herbstfärbung alle drei Wochen mit einem Flüssigdünger oder mit Kugeldünger versorgen.

Umtopfen Alle drei bis fünf Jahre mit einem mäßigen Wurzelschnitt im zeitigen Frühjahr umtopfen.

Formgebung Langtriebe lässt man auf sechs bis sieben Blätter heranwachsen und schneidet dann auf ein bis zwei Blätter zurück. Kurztriebe bleiben unbeschnitten. Müssen längere Triebe entfernt werden, lässt man zunächst einen etwa ein Zentimeter langen Stumpen stehen. Wenn auch dieser Stumpen zurückgetrocknet ist, wird er ganz nah am Stamm entfernt. Die frische Wunde wird mit Wundknetmasse abgedeckt.

Drahten Bei Bonsai, die eher eine ausladende Wuchsform haben, können die Triebe, sobald sie beginnen auszuhärten, gedrahtet werden.

Chinesischer Wacholder

Juniperus chinensis

Beschreibung In der freien Natur im östlichen Asien kommt der Chinesische Wacholder in den verschiedensten Wuchsformen vor – von strauchartig bis zu 20 Metern hoch mit kegelförmiger Krone.

Weitere Art In Japan wird für die Bonsai-Gestaltung oft der in Höhen zwischen 1000 und 1500 Metern vorkommende Berg-Wacholder verwendet: ein etwa ein Meter hoher Strauch mit bis zu drei Meter ausladenden Ästen, die in weiten Bereichen auf dem Boden aufliegen. Beim Austrieb sind die Blätter hellgrün, sodass der Baum im Frühjahr ein strahlendes Aussehen zeigt, werden dann aber dunkelgrün. Am Stamm und an den Ästen zieht sich die ältere Borke in Streifen ab. Der unter der äußeren Borke liegende Rindenteil ist hellbraun und bildet einen schönen Kontrast zu den grünen Laubpolstern.

Standort Hell, sonnig, luftig. Trotz seines Vorkommens im Hochgebirge müssen die Wurzeln im Winter ab −5 °C gegen Durchfrieren geschützt werden. Die oberirdischen Pflanzenteile sind lediglich gegen trockene, eisige Winde zu schützen.

Gießen Wegen der großen Gesamtblattfläche ist der Wasserbedarf recht hoch. Im Sommer wie auch im Winter sollte auf eine gleichmäßige Bodenfeuchtigkeit geachtet werden. Staunässe ist auf jeden Fall zu vermeiden.

Düngen Der Chinesische Wacholder gehört zu den hungrigen Bäumen. Sobald sich im Frühjahr die grasgrünen neuen Triebspitzen zeigen, beginnt man mit der Gabe von Kugeldünger.

Ende August/Anfang September beendet man die Düngergaben.

Umtopfen Alle zwei bis drei Jahre im zeitigen Frühjahr mit einem Wurzelschnitt in eine gut wasserdurchlässige, leicht kalkhaltige Akadama-Erde umtopfen.

Formgebung Alte Wacholder bilden auf ihren Ästen dichte, flache Zweigpolster aus. Bei der Bonsai-Gestaltung werden diese Polster mit der Bonsai-Schere durch Zurücksetzen auf kürzere Nebentriebe herausgearbeitet. Auf keinen Fall im Winter die Triebe zurückzupfen.

Drahten Bei Bonsai, die eher eine ausladende Wuchsform haben, können die Triebe, sobald sie beginnen auszuhärten, gedrahtet werden. Wegen der recht weichen Rinde sollte man beim Drahten sehr vorsichtig sein, sonst wird die Rinde leicht weggedrückt. Nach etwa einem Jahr wird der Draht wieder entfernt.

Igel-Wacholder

Juniperus rigida

Beschreibung Der Igel-Wacholder ist unserem Gemeinen Wacholder sehr ähnlich. In der Bonsai-Gestaltung gleicht die Form dem Chinesischen Wacholder, wobei ein gut gestalteter Igel-Wacholder ausdrucksstärker wirkt. Stamm und Äste haben eine braunrote bis gelbbraune Rinde, die sich streifig abzieht. Die Nadeln sind pfriemförmig, steif, scharfspitzig und stechend, 13 bis 25 Millimeter lang und bis einen Millimeter breit, auf der Oberseite mit einer tiefen Rinne und mit schmalem weißem Mittelband. Da der Igel-Wacholder zweihäusig ist, braucht man, um Früchte zu erhalten, einen weiblichen und einen männlichen Baum. Alte Igel-Wacholder-Bonsai erhalten ihr imposantes Aussehen häufig durch tote, entrindete und gebleichte Stamm- und Astpartien.

Standort Der Igel-Wacholder liebt im Sommer einen hellen, sonnigen Standort. Im Winter sollten der Wurzelballen gegen Frost und die oberirdischen Teile gegen trockene, eisige Winde geschützt werden.

Gießen Der Igel-Wacholder sollte das ganze Jahr über gleichmäßig feucht gehalten werden. Staunässe ist zu vermeiden.

Düngen Vom Beginn des Austriebs bis Ende August alle zwei Wochen mit einem Flüssigdünger oder alle vier Wochen mit Kugeldünger versorgen.

Umtopfen Alle zwei bis drei Jahre im zeitigen Frühjahr in eine gut wasserdurchlässige Akadama-Erde umsetzen.

Formgebung Dichte Astpolster sind als Gestaltungsziel anzustreben. Sobald junge Triebe etwa zwei Zentimeter lang sind, zupft man die Spitze mit den Fingerkuppen aus. Dadurch wird das Längenwachstum gestoppt. Aus den Achseln der Blätter treiben bald neue Triebe mit nun kürzeren Nadeln aus. Auch diesen Trieben zupft man die Spitze aus, sobald sie zwei Zentimeter Länge erreicht haben. Gleichzeitig zupft man die längeren Nadeln des Erstaustriebes ab. In gleicher Weise verfährt man mit allen folgenden Wachstumsschüben. Von Zeit zu Zeit schneidet man alle zu hoch gewordenen Polster wieder auf eine geringere Dicke zurück. Ebenso sollten alle senkrecht nach unten wachsenden Triebe mit der Schere entfernt werden. Dickere, die Gestaltung störende Äste können Sie im zeitigen Frühjahr herausschneiden.

Drahten Sobald im Frühjahr die Äste des Igel-Wacholders elastischer werden, kann gedrahtet werden. Nach etwa einem Jahr wird der Draht wieder entfernt.

Lärchen

Larix-Arten

Beschreibung Lärchen gehören zu den wenigen Nadelbäumen, die im Herbst ihre Nadeln abwerfen. Die waagerechten Äste sind um den Stamm herum schraubig angeordnet. An den Langtrieben sind die nadelförmigen und weichen Blätter spiralig und in Abständen angeordnet, an Kurztrieben stehen sie hingegen in dichten Büscheln. Langtriebe dienen dem Längenwachstum, Kurztriebe erhöhen die Anzahl der Nadeln einer Lärche. Die Anzahl der Nadeln pro Büschel ist ein gutes Unterscheidungsmerkmal bei der Bestimmung der verschiedenen Lärchenarten.

Aus Lärchen lassen sich besonders schöne Nadelwälder gestalten. Aber auch in den anderen Grundstilarten, außer der Besenform, ergeben sich eindrucksvolle Bonsai.

Standort Vollsonnig im Sommer. Im Winter den Wurzelballen gegen Durchfrieren schützen.

Gießen Vom Laubfall bis zum Austrieb nur mäßig feucht halten. Während der Wachstumszeit gleichmäßig feucht halten, aber Staunässe vermeiden.

Düngen Nach dem Austrieb bis Anfang August alle drei bis vier Wochen mit einem Kugeldünger versorgen. In der ersten Septemberwoche erfolgt die letzte Düngung.

Umtopfen Alle zwei bis drei Jahre im zeitigen Frühjahr mit einem Wurzelschnitt in Akadama-Erde umtopfen.

Formgebung Je nach Art sollte man bei der Gestaltung die typische Wuchsform herausarbeiten. In den häufigsten Fällen wird das die streng aufrechte Form sein. An Extremstandorten kann man in der Natur aber auch Lärchen in frei aufrechter Form, ja sogar als Kaskade, finden.

Wichtig ist in jedem Fall, dass die Form der Äste dem natürlichen Wachstumsbild der Art entspricht. Aus den Spitzenknospen der Äste und Zweige wachsen in der Regel Langtriebe heran. Sobald die grüne Färbung dieser Triebe beginnt, die typische Rindenfärbung zu bekommen, schneidet man sie auf ein bis zwei Knospen zurück. Die darauf wachsenden Sekundärtriebe schneidet man auf nur eine Knospe zurück. Alle Langtriebe, die auf einem Ast senkrecht nach oben oder unten wachsen, werden ganz entfernt. Im zeitigen Frühjahr wird die Form überarbeitet, indem man die Form störende dickere Äste entfernt. Jetzt werden auch tote Äste herausgeschnitten.

Drahten Kurz vor dem Austrieb ist die beste Zeit zum Drahten. Nach einem Jahr sollte man den Draht wieder entfernen.

Fichten

Picea-Arten

Beschreibung Die Fichten gehören zu den immergrünen Nadelbäumen. Ihre Gestalt ist immer kegelförmig, mit schuppenartiger Rinde und mit Ästen, die in Quirlen angeordnet sind. Von den rund 50 Fichtenarten gibt es nur wenige, die sich für die Bonsai-Gestaltung eignen. Es werden allerdings von verschiedenen Fichtenarten zwergwüchsige Zuchtformen angeboten, die sich hervorragend zu einem Bonsai gestalten lassen. Bei der Suche in einer Baumschule sollte man auf Zuchtformen achten, die dichtgedrängte, kurze Nadeln haben.

Arten Die Europäische Fichte (*P. abies*) hat eine rotbraune bis graue, in dünnen Schuppen abblätternde Rinde. Die Äste stehen bei älteren Bäumen bogig abwärts, mit ansteigender Spitze. Die Sachalin-Fichte (*P. glehnii*) wird in Japan seit Anfang dieses Jahrhunderts in der Bonsai-Kunst sehr erfolgreich verwendet, da sie im Gegensatz zu vielen anderen Fichtenarten auch auf weniger guten Böden immer noch gedeiht. Die Rinde ist dunkelbraun und rissig. Was die Sachalin-Fichte für den Bonsai-Freund so interessant macht, sind die kurzen Zweige und die sechs bis zwölf Millimeter langen, dichtgedrängten, oberseits mattgrün gefärbten Nadeln.

Standort In der Wachstumszeit halbschattig bis vollsonnig platzieren. Im Winter den Wurzelballen gegen Durchfrieren und die Nadeln gegen trockene, eisige Winde schützen.

Gießen Die Erde sollte das ganze Jahr über gleichmäßig feucht gehalten werden. Staunässe ist zu vermeiden.

Düngen Nach dem Austrieb bis Ende August alle vier Wochen mit Flüssigdünger oder Kugeldünger versorgen.

Umtopfen Alle zwei bis drei Jahre im zeitigen Frühjahr umtopfen. Als Pflanzerde sollte der Akadama ein Viertel feiner Kies zugesetzt werden.

Formgebung Wo immer möglich, werden bis auf einen Ast alle anderen, die in gleicher Höhe wachsen, entfernt. Während des Austriebs werden die sich streckenden Triebe, noch bevor sich die Nadeln abspreizen, zurückgezupft. Die Triebe aus den großen Spitzenknospen zupft man um zwei Drittel, die der mittelgroßen Knospen um ein Drittel und die der kleinen gar nicht zurück.

Drahten Gedrahtet wird im zeitigen Frühjahr vor dem Austrieb. Dabei dürfen keine Nadeln eingedrahtet werden.

Mädchen-Kiefer

Pinus parviflora

Beschreibung Die Bonsai-Kiefer schlechthin ist die Mädchen-Kiefer. Selten wird sie in Bonsai-Fachgeschäften als Sämling angeboten. Die meisten Mädchen-Kiefern sind auf das Wurzelsystem einer Japanischen Schwarz-Kiefer *(P. thunbergii)* aufgepfropft. Beim Kauf ist darauf zu achten, dass die Pfropfstelle so unauffällig wie möglich ist. Außerdem sollte der Wurzelballen gut mit Symbiosepilzen (Mykorrhiza) durchzogen sein. Dieser Symbiosepilz ist für die Mädchen-Kiefer ein Garant für gesundes Wachstum und Widerstandsfähigkeit. Ist der Symbiosepilz vorhanden, zeigt sich der Wurzelballen mit weißlichen Fäden durchzogen, die deutlich nach Pilz duften. Die Mädchen-Kiefer hat eine graubraune Borke, die lange Zeit glatt bleibt und sich später in dünnen Schuppen ablöst. Die Nadeln stehen zu fünft beisammen, das heißt, aus einer gemeinsamen Blattscheide kommen fünf Nadeln hervor. Die grasgrünen bis blaugrünen Nadeln sind vier bis sechs Zentimeter lang, etwa einen Millimeter breit und mit einer stumpfen Spitze versehen.

Standort Vollsonniger Standort. Im Winter den Wurzelballen gegen Durchfrieren und die oberirdischen Baumteile gegen eisige, trockene Winde schützen.

Gießen Im Frühjahr bis zum Ende des Austriebs nur mäßig gießen. Im Sommer den Wurzelballen gleichmäßig feucht halten, Staunässe sollte man vermeiden.

Düngen Die erste Düngung erfolgt im Frühjahr, wenn sich die Nadeln etwa zur Hälfte aus den Blattscheiden herausgeschoben haben. Bis Anfang August wird alle vier Wochen mit einem Kugeldünger gedüngt.

Umtopfen Alle zwei bis drei Jahre im zeitigen Frühjahr mit einem Wurzelschnitt umtopfen. Die Akadama wird zu gleichen Teilen mit feinem Kies gemischt.

Formgebung Aus den Knospen wachsen im Frühjahr zunächst kerzenartige Triebe heran, aus denen sich die Nadeln erst herauszuschieben beginnen, wenn die Triebe fast die endgültige Länge erreicht haben. Stehen mehrere Knospen beisammen, entwickeln auch sie sich im zeitlichen Abstand. Zunächst wird der stärkste Trieb eingekürzt und einige Tage später kürzt man die anderen Triebe. Von jeder Knospengruppe lässt man nur ein bis zwei stehen. Ende August oder Anfang September werden die letztjährigen Nadeln entfernt.

Drahten Die jungen Triebe der Mädchen-Kiefer können gedrahtet werden, sobald sie auszuhärten beginnen. Dabei ist darauf zu achten, dass keine Nadeln mit eingedrahtet werden.

Gemeine Kiefer

Pinus sylvestris

Beschreibung Die Föhre oder Gemeine Kiefer kommt im gesamten nördlichen Teil Eurasiens vor. Neben der Art sind auch einige zwergwüchsige Zuchtformen für den Bonsai-Freund gut zu gestalten. Die Föhre hat meist einen geraden, schlanken Stamm. An extremen Standorten kann sie aber auch knorrig und gedreht wachsen. Die Nadeln kommen immer zu zweit aus einer Blattscheide, sind blau- oder graugrün, steif und häufig auch leicht gedreht.

Standort Wie bei der Mädchen-Kiefer (siehe Seite 73).

Gießen Das ganze Jahr über die Erde gleichmäßig feucht halten, aber Staunässe vermeiden.

Düngen Vom Ende des Austriebs im Frühjahr bis Anfang August alle vier Wochen mit einem Flüssigdünger versorgen.

Umtopfen Wie bei der Mädchen-Kiefer.

Formgebung Um die Nadeln einzukürzen, entfernt man Ende Juli alle lang ausgewachsenen Triebe mit der Schere. Von dem Austrieb lässt man etwa einen Zentimeter stehen. An dem verbliebenen Triebstück bilden sich kleine Knospen, die im nächsten Jahr weniger lang und vor allem mit kürzeren Nadeln austreiben. Hieraus länger auswachsende Triebe können ähnlich wie bei der Mädchen-Kiefer mit den Fingern auf bis zu ein Drittel zurückgenommen werden.

Drahten Junge Triebe können gedrahtet werden, sobald sie auszuhärten beginnen. Nach etwa einem Jahr wird der Draht entfernt.

Japanische Schwarz-Kiefer

Pinus thunbergii

Beschreibung Mit dem geraden Stamm und der breiten, schirmförmigen Krone ähnelt ihr Wuchs dem unserer Föhre. Die dicken Äste stehen ab oder hängen etwas nach unten, wobei die Spitze nach oben gerichtet ist. Die Borke ist schwarzgrau und unregelmäßig gefeldert. Die Nadeln kommen zu zweit aus einer Blattscheide, stehen eng beieinander, sind etwas gedreht und dunkelgrün. Die Nadeln sind eigentlich für Bonsai zu groß. Dennoch kann man aus der Japanischen Schwarz-Kiefer imposante Bonsai gestalten und die Nadeln auch in ihrer Länge beeinflussen. Auch die Japanische Schwarz-Kiefer lebt an ihren Wurzeln mit einem Symbiosepilz zusammen.

Standort Hell und vollsonnig im Sommer. Im Winter den Wurzelballen gegen Durchfrieren und die Nadeln gegen trockene, eisige Winde schützen.

Gießen Im Winter und Frühjahr sparsam gießen, die Erde nicht austrocknen lassen. Im Sommer gleichmäßig feucht halten, Staunässe vermeiden.

Düngen Nach dem Neuaustrieb bis Anfang August alle vier Wochen mit einem Kugeldünger versorgen.

Umtopfen Alle drei bis fünf Jahre im zeitigen Frühjahr oder Ende August mit einem Wurzelschnitt in Akadama und feinen Kies zu gleichen Teilen umtopfen. Die unterste Erdschicht sollte eine gute Dränagewirkung haben. Die Pflanzerde wird mit einigen Handvoll alter Erde mit Symbiosepilzen geimpft.

Formgebung Ein Problem sind die langen Nadeln. Bis Ende Mai lässt man die neuen Triebe durchwachsen. Nun werden alle neuen Triebe, die länger als drei Zentimeter sind, mit einer Schere abgeschnitten. Gleichzeitig zupft man die älteren Nadeln bis auf wenige Zweierpaare in der Nähe der neuen Triebspitze ab. Rund um die Schnittstelle bilden sich mehrere kleine Knospen, aus denen im nächsten Jahr kleinere Kerzen mit kürzeren Nadeln wachsen. In Japan erfolgt dieser Zweitaustrieb noch im selben Jahr, was bei uns aus klimatischen Gründen meist nicht geschieht. Werden die neuen Triebe zu lang, können sie um bis zu drei Viertel ihrer Gesamtlänge eingekürzt werden. Das Einkürzen geschieht, bevor sich die Nadeln aus ihren Blattscheiden zu strecken beginnen. Im darauffolgenden Jahr kommen aus den Knospen wieder sehr kräftige Triebe mit langen Nadeln hervor. Jetzt verfährt man wie im ersten Jahr.

Drahten Die Äste sollten leicht abwärts geneigt gedrahtet werden, wobei die Triebspitzen nach oben zu richten sind. Die richtige Zeit dafür ist kurz vor dem Austrieb im Frühjahr.

Nützliche Adressen

Bonsai-Clubs und Informationen

Bonsai Club Deutschland e. V.
Geschäftsstelle
Duisburger Str. 83 B
47166 Duisburg
Telefon: 02 03 / 58 33 24
www.bonsai-club-deutschland.de
— Händleradressen von Bonsai-Gärtnereien
und Lieferanten von Schnittwerkzeugen,
Schalen und Zubehör, Bonsai-Forum und
Chat, Übersicht über Regionalverbände
und Arbeitskreise

www.bonsai-fachforum.de
— Bonsaiforum über Bonsaipraxis, Baumkunde,
Geschichte, Präsentation usw.

www.bonsaizone.de
— Online-Datenbank mit Verzeichnis über Ar-
beitskreise und Bonsaihändler für D, A, CH,
„Bonsai-Art"-Gesamtverzeichnis

Bonsai-Pflanzen und Zubehör

Die Sortierung erfolgt nach PLZ.
Japan Bonsai Berlin
Todd Grand
Kantstr. 124b
10625 Berlin
Telefon: 0 30 / 3 12 13 58
www.japanbonsaiberlin.de
— Bonsai-Pflanzen, Urlaubspflegeservice,
Umtopfservice

Genki-Bonsai
Thorsten Pohl
Celler Str. 24
31275 Lehrte
Telefon: 0 51 36 / 8 01 78 47
E-Mail: info@genki-bonsai.de
www.genki-bonsai.de
— Roh-Bonsai, Schalen, Substrate, Werkzeug,
Zubehör, Literatur

Bonsai-Schule Enger
Michaela und Tobias Pieper
Feldstr. 21
32130 Enger
Telefon: 0 52 24 / 58 79
E-Mail: info@bonsaischule.de
www.bonsaischule.de
— Roh-Bonsai, Schalen, Erden, Dünger,
Werkzeug, Pflanzenschutz, Dekoration,
Literatur, Seminare

Schalenstudio Peter Krebs
Oststr. 9
35745 Herborn
Telefon: 0 27 72 / 4 24 13
E-Mail: bonsai.schale@peter-krebs.de
www.bonsaischalen-toepfer-peterkrebs.de
— Handgefertigte Schalen

Bonsai Zentrum
Wilfried Geßner
Daheimstr. 11
47447 Moers
Telefon 0 28 41 / 1 73 43 70
www.bonsai.de
— Bonsai-Pflanzen, Zubehör, Urlaubspflege

Bonsai-Zentrum Münsterland GmbH

Raiffeisenstraße 22

59387 Ascheberg

Telefon 0 25 93 / 95 87 13

E-Mail: info@bonsai.de

www.bonsai.de

— Bonsai-Pflanzen, Werkzeuge, Erden,
   Dünger, Zubehör

Bonsai-Centrum München

Inh: Peter Czapka

Hauptstraße 20a

85777 Fahrenzhausen

Telefon: 0 81 33 / 91 79 354

E-Mail: info@bonsai-centrum-muenchen.de

www.bonsai-centrum-muenchen.de

— Bonsai-Pflanzen und Zubehör, Umtopfservice,
   Gestaltungsservice, Urlaubspflege, Pflanzen-
   klinik, Überwinterungsservice, Workshops
   und Seminare

Japan Bonsai

Liedweg 3

A-9871 Seeboden am Millstätter See

Telefon: +43 (0) 47 62 / 8 19 47

E-Mail: japan@bonsai.at

www.bonsai.at

— Bonsai- Museum mit ca. 3 000 Bonsai,
   Online-Shop

Bonsai & Kakteen Shop GmbH

Albisstrasse 39

CH-8038 Zürich

Telefon +41 (0) 44 2 11 47 67

E-Mail: info@bonsai.ch

www.bonsai.ch

— Bonsai-Pflanzen und Zubehör, Literatur,
   Kurse

Register

Bildnachweis

Alle Fotos von Helmut Rüger, Schöneck.

Alle Illustrationen von Wolfgang Lang, Grafenau-Döffingen.

Impressum

Umschlag- und Klappengestaltung von Gramisci Editorialdesign/Stefanie Wawer unter Verwendung von zwei Farbfotos von shutterstock/TONG2519 (Umschlagvorderseite: Wacholder) und Flora Press/ Bildagentur Beck (Umschlagrückseite: Satzuki-Azalee) sowie sieben Farbfotos von Horst Stahl, Haltern (Innenklappe vorne), und fünf Farbfotos von Helmut Rüger, Karben (Innenklappe hinten).

Mit 113 Farbfotos und 16 Farbzeichnungen.

Alle Angaben in diesem Buch sind sorgfältig geprüft und geben den neuesten Wissensstand bei der Veröffentlichung wieder. Da sich das Wissen aber laufend in rascher Folge weiterentwickelt und vergrößert, muss jeder Anwender prüfen, ob die Angaben nicht durch neuere Erkenntnisse überholt sind. Dazu muss er zum Beispiel Beipackzettel zu Dünge-, Pflanzenschutz- bzw. Pflanzenpflegemitteln lesen und genau befolgen sowie Gebrauchsanweisungen und Gesetze beachten. Die Blütenfarben sind sortenabhängig, daher können auch Farben auf dem Markt sein, die im Buch nicht genannt werden. Die Blütezeiten sind ebenfalls sortenabhängig, aber auch klima- und standortabhängig. Die angegebenen Wuchshöhen und -breiten der Pflanzen sind Mittelwerte. Sie können je nach Nährstoffgehalt des Bodens variieren. Verschiedene Sorten können deutlich größer oder auch kleiner wachsen als die Art.

Unser gesamtes Programm finden Sie unter **kosmos.de**.
Über Neuigkeiten informieren Sie regelmäßig unsere
Newsletter, einfach anmelden unter **kosmos.de/newsletter**

Gedruckt auf chlorfrei gebleichtem Papier

© 2019, Franckh-Kosmos Verlags-GmbH & Co. KG, Stuttgart.
Alle Rechte vorbehalten
Wir behalten uns auch die Nutzung von uns veröffentlichter Werke
für Text und Data Mining im Sinne von §44b UrhG ausdrücklich vor.
ISBN 978-3-440-16628-4
Projektleitung: Carolin Küßner
Redaktion: Carolin Küßner
Bildredaktion Carolin Küßner
Gestaltungskonzept: Gramisci Editorialdesign, München
Gestaltung und Satz: Doppelpunkt, Stuttgart
Produktion: Klaus Jost
Druck und Bindung: Westermann Druck Zwickau GmbH, Zwickau
Printed in Germany / Imprimé en Allemagne

Bewährt & kompetent
—— Wissen aus erster Hand

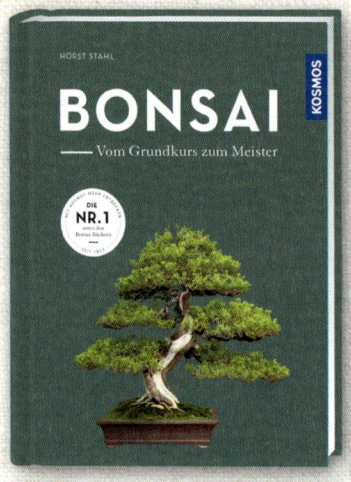

Die Landschaft in der Schale – Horst Stahl, einer der renommiertesten Bonsai-Experten, vermittelt in diesem Band Know-how und Philosophie gleichermaßen. Im Grundkurs lernen Sie die wichtigsten Bonsai-Arten, deren Formschnitt und tägliche Pflege kennen. Umfangreiches Wissen und seine praktische Umsetzung zu Grundstil- und Gestaltungsprinzipien sowie der wirkungsvolle Einsatz von Schalen und Gefäßen machen Sie im zweiten Teil des Buches zum Bonsai-Meister. Das Standardwerk für Bonsaifreunde – einfach unentbehrlich.

288 Seiten

Ihre Themen
—— Unser Newsletter

Sie möchten regelmäßig aktuelle Neuigkeiten, Informationen und Angebote zum Thema Garten erhalten?

**Fundiert recherchiert — Wissen aus der Praxis
Alles Wichtige auf einen Blick**

Dann melden Sie sich jetzt für unseren Newsletter an.

www.kosmos.de/newsletter